★ ★ ★ ★
"十三五"
**国家重点出版物出版规划项目**

**ISCRI**
INTERNATIONAL SMART CITY RESEARCH INSTITUTE
国际智慧城市研究院

中国生产力促进中心协会
国际智慧城市研究院

**智慧城市实践系列丛书**

# 智慧港口实践

## SMART PORT PRACTICE

主　编　宁　涛

副主编　蔡文海

人民邮电出版社

北　京

**图书在版编目（ＣＩＰ）数据**

智慧港口实践 / 宁涛主编. -- 北京 : 人民邮电出
版社，2020.9
（智慧城市实践系列丛书）
ISBN 978-7-115-54327-1

Ⅰ．①智… Ⅱ．①宁… Ⅲ．①港口建设－信息化建设
－研究 Ⅳ．①U65-39

中国版本图书馆CIP数据核字(2020)第126084号

## 内 容 提 要

  本书从大数据时代的智慧港口谈起，展示了智慧港口领域的国内外建设成果，强调了国家关于智慧港口建设的思路，探索了智慧港口实践的方向。本书分为三篇，共9章。第一篇是理论篇，首先介绍了智慧港口的理论、特征、应用及目标；接着介绍了物联网、大数据、移动互联网、云计算、地理信息系统和人工智能在智慧港口领域的应用。第二篇是路径篇，分别介绍了港口物联网的建设、智慧港口大数据体系的建设、港口物流信息化的建设、智慧港航综合信息化平台的建设和港口危险货物安全管理体系的建设等。第三篇是案例篇，以"互联网+港融电商"平台和港口定位导航平台两个案例展现了智慧港口的应用前景。

  本书适合智慧港口建设的政府管理者、企业管理者、相关专业的研究人员和学生参考，也可供对智慧港口感兴趣的人士阅读。

◆ 主　　编　宁　涛

  副 主 编　蔡文海

  责任编辑　李　静

  责任印制　彭志环

◆ 人民邮电出版社出版发行　　北京市丰台区成寿寺路 11 号

  邮编　100164　　电子邮件　315@ptpress.com.cn

  网址　https://www.ptpress.com.cn

  涿州市般润文化传播有限公司印刷

◆ 开本：700×1000　1/16

  印张：11.5　　　　　　　2020 年 9 月第 1 版

  字数：230 千字　　　　　2025 年 7 月河北第 7 次印刷

定价：89.00 元

读者服务热线：**(010)53913866**　印装质量热线：**(010)81055316**
反盗版热线：**(010)81055315**

# 智慧城市实践系列丛书

# 编 委 会

申长江　　中国生产力促进中心协会常务副理事长、秘书长

聂梅生　　全联房地产商会创会会长

郑效敏　　中华环保联合会粤港澳大湾区工作机构主任

乔恒利　　深圳市建筑工务署署长

杜灿生　　天安数码城集团总裁

陶一桃　　深圳大学一带一路国际合作发展（深圳）研究院院长

曲　建　　中国（深圳）综合开发研究院副院长

胡　芳　　华为技术有限公司中国区智慧城市业务总裁

邹　超　　中国建筑第四工程局有限公司副总经理

张　嘉　　中国建筑第四工程局有限公司海外部副总经理

张运平　　华润置地润地康养（深圳）产业发展有限公司常务副总经理

熊勇军　　中铁十局集团城市轨道交通工程有限公司总经理

孔　鹏　　清华大学建筑学院可持续住区研究中心（CSC）联合主任

熊　榆　　英国萨里大学商学院讲席教授

林　熹　　哈尔滨工业大学材料基因与大数据研究院副院长

张　玲　　哈尔滨工程大学出版社社长兼深圳海洋研究院筹建办主任

吕　珍　　粤阳投资控股（深圳）有限责任公司董事长

策 划 单 位：中国生产力促进中心协会智慧城市卫星产业工作委员会

卫通智慧（北京）城市工程技术研究院

总 策 划 人：刘玉兰　中国生产力促进中心协会理事长

申长江　中国生产力促进中心协会常务副理事长、秘书长

隆　晨　中国生产力促进中心协会副理事长

丛 书 主 编：吴红辉　中国生产力促进中心协会智慧城市卫星产业工作委员会主任

卫通智慧（北京）城市工程技术研究院院长

编 委 会 主 任：滕宝红

编委会副主任：郝培文　任伟新　张　徐　金典琦　万　众　苏秉华

王继业　萧　睿　张燕林　廖光煊　张云逢　张晋中

薛宏建　廖正钢　吴鉴南　吴玉林　李东荣　刘　军

季永新　孙建生　朱　霞　王剑华　蔡文海　王东军

林　梁　陈　希　潘　鑫　冯太川　赵普平　徐程程

李　明　叶　龙　高云龙　赵　普　李　坤　何子豪

吴兆兵　张　健　梅家宇　程　平　王文利　刘海雄

徐煌成　张　革　花　香　江　勇　易建军　戴继涛

董　超　匡仲潇　危正龙　杜嘉诚　卢世煜　高　峰

张　峰　于　千　张连强　赵姝帆　滕悦然

中国生产力促进中心协会策划、组织编写了《智慧城市实践系列丛书》(以下简称《丛书》),该《丛书》入选了"十三五"国家重点出版物出版规划项目,这是一件很有价值和意义的好事。

智慧城市的建设和发展是我国的国家战略。国家"十三五"规划指出:"要发展一批中心城市,强化区域服务功能,支持绿色城市、智慧城市、森林城市建设和城际基础设施互联互通。"中共中央、国务院印发的《国家新型城镇化规划(2014—2020年)》以及国家发展和改革委员会、工业和信息化部、科技部等八部委印发的《关于促进智慧城市健康发展的指导意见》均体现出中国政府对智慧城市建设和发展在政策层面的支持。

《丛书》聚合了国内外大量的智慧城市建设与智慧产业案例,由中国生产力促进中心协会等机构组织国内外近300位来自高校、研究机构、企业的专家共同编撰。《丛书》注重智慧城市与智慧产业的顶层设计研究,注重实践案例的剖析和应用分析,注重国内外智慧城市建设与智慧产业发展成果的比较和应用参考。《丛书》还注重介绍相关领域新的管理经验并编制了前沿性的分类评价体系,这是一次大胆的尝试和有益的探索。《丛书》是一套全面、系统地诠释智慧城市建设与智慧产业发展的图书。我期望这套《丛书》的出版可以对推进中国智慧城市建设和智慧产业发展、促进智慧城市领域的国际交流、切实推进行业研究以及指导实践起到积极的作用。

中国生产力促进中心协会以《丛书》的编撰为基础,专门搭建了"智慧城市研究院"平台,将智慧城市建设与智慧产业发展的专家资源聚集在平台上,持续推动对智慧城市建设与智慧产业发展的研究,为社会不断贡献成果,这是一件十分值得鼓励的好事。我期望中国生产力促进中心协会通过持续不断的努力,将该平台建设成为在中国具有广泛影响力的智慧城市研究和实践的智库平台。

"城市让生活更美好,智慧让城市更幸福",期望《丛书》的编著者"不忘初

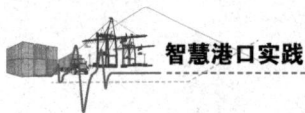

心，以人为本"，坚守严谨、求实、高效和前瞻的原则，在智慧城市的规划建设实践中，不断总结经验，坚持真理，修正错误，进一步完善《丛书》的内容，努力扩大其影响力，为中国智慧城市建设及智慧产业的发展贡献力量，也为"中国梦"增添一抹亮丽的色彩。

中国科学院院士
科技部原部长

中国正成为世界经济中的技术和生态方面的领导者。中国的领导人以极其睿智的目光和思想布局着全球发展战略。《智慧城市实践系列丛书》（以下简称《丛书》）以国家"十三五"规划的重点研究成果的方式出版，这项工程填补了世界范围内的智慧城市研究的空白，也是探索和指导智慧城市与产业实践的一个先导行动。本《丛书》的出版体现了编著者、中国生产力促进中心协会以及国际智慧城市研究院的智慧。

中国为了保持在国际市场的蓬勃发展和竞争能力，必须加快步伐跟上这场席卷全球的行动。这一行动便是被称作"智慧城市进化"的行动。中国政府和技术研发与实践者已经开始了有关城市的变革，不然就有落后于其他国家的风险。

发展中国智慧城市的目的是促进经济发展，改善环境质量和民众的生活质量。建设智慧城市的目标只有通过建立适当的基础设施才能实现。基础设施的建设可基于"融合和替代"的解决方案。

中国成为智慧国家的一个重要因素是加大国有与私有企业之间的合作。其都须有共同的目标，以减少碳排放。一旦合作成功，民众的生活质量和幸福程度将得到很大的提升。

我对该《丛书》的编著者极为赞赏，他们包括国际智慧城市研究院院长吴红辉先生及其团队、中国生产力促进中心协会的隆晨先生。通过该《丛书》的发行，所有的城市都将拥有一套协同工作的基础，从而实现更低的碳排放、更低的基础设施总成本以及更低的能源消耗，拥有更清洁的环境。更重要的是，《丛书》还将成为智慧产业及技术发展可参考的理论依据以及从业者可以借鉴的范本。

未来，中国将跨越经济、环境和社会的界限，成为一个智慧国家。

上述努力会让中国以一种更完善的方式发展，最终的结果是国家不断繁荣，中国民众的生活水平不断提升。中国将是世界上所有想要更美好生活的国家所参照的"灯塔"。

迈克尔·侯德曼

IEEE/ISO/IEC － 21451 － 工作组成员

UPnP+ － IoT, 云和数据模型特别工作组成员

SRII － 全球领导力董事会成员

IPC-2-17- 数据连接工厂委员会成员

CYTIOT 公司创始人兼首席执行官

随着全球化的发展，新一代人工智能、5G、区块链、大数据、云计算、物联网等技术正改变着我们的工作及生活方式，大量的智能终端已应用于人类社会的各个场景。虽然"智慧城市"的概念提出已有很多年，但作为城市发展的未来形式，"智慧城市"面临的问题仍然不少，最重要的是，我们如何将这种新技术与人类社会实际场景有效地结合起来。

从传统理解上看，人们认为利用数字化技术解决公共问题是政府机构或者公共部门的责任，但实际情况并不尽然。虽然政府机构及公共部门是近七成智慧化应用的真正拥有者，但这些应用近六成的原始投资来源于企业或私营部门，可见，地方政府完全不需要自己主导提供每一种应用和服务。目前，许多城市采用了构建系统生态的方法，通过政府引导以及企业或私营部门合作投资的方式，共同开发智慧化应用创新解决方案。

打造智慧城市最重要的动力来自政府管理者的强大意愿，政府和公共部门可以思考在哪些领域适当地留出空间，为企业或其他私营部门提供创新的余地。合作方越多，应用的使用范围就越广，数据的使用也会更有创意，从而带来更高的效益。

与此同时，智慧解决方案也正悄然地改变着城市基础设施运行的经济模式，促使管理部门对包括政务、民生、环境、公共安全、城市交通、废弃物管理等在内的城市基本服务提供方式进行重新思考。对企业而言，打造智慧城市无疑为其创造了新的机遇。因此，很多城市的多个行业已经逐步开始实施智慧化的解决方案，变革现有的产品和服务方式。比如，药店连锁企业开始变身成为远程医药提供商，而房地产开发商开始将自动化系统、传感器、出行方案等整合到其物业管理系统中，形成智慧社区。

**未来的城市**

智慧城市将基础设施和新技术结合在一起，以改善人们的生活质量，并加强人们与城市环境的互动。但是，如何整合与有效利用公共交通、空气质量和能源生产等数据以使城市更高效有序地运行呢？

5G 时代的到来，高带宽与物联网（IoT）的融合，都将为城市运行提供更好的解决方案。作为智慧技术之一，物联网使各种对象和实体能够通过互联网相互通信。通过创建能够进行智能交互的对象网络，各行业开启了广泛的技术创新，这有助于改善政务、民生、环境、公共安全、城市交通、能源、废弃物管理等方面的情况。

通过提供更多能够跨平台通信的技术，物联网可以生成更多数据，有助于改善日常生活的各个方面。

### 效率和灵活性

通过建设公共基础设施，智慧城市助力城市高效运行。巴塞罗那通过在整座城市实施的光纤网络中采用智能技术，提供支持物联网的免费高速 Wi-Fi。通过整合智慧水务、照明和停车管理，巴塞罗那节省了 7500 万欧元的城市资金，并在智慧技术领域创造了 47000 个新的工作岗位。

荷兰已在阿姆斯特丹测试了基于物联网的基础设施的使用情况，其基础设施根据实时数据监测和调整交通流量、能源使用和公共安全情况。与此同时，在美国，波士顿和巴尔的摩等主要城市已经部署了智能垃圾桶，这些垃圾桶可以提示可填充的程度，并为卫生工作者确定最有效的路线。

物联网为愿意实施智慧技术的城市带来了机遇，大大提高了城市的运营效率。此外，各高校也在最大限度地发挥综合智能技术的影响力。大学本质上是一座"微型城市"，通常拥有自己的交通系统、小企业以及学生，这使其成为完美的试验场。智慧教育将极大地提高学校老师与学生的互动能力、学校的管理者与教师的互动效率，并增强学生与校园基础设施互动的友好性。在校园里，您的手机或智能手表可以提醒您课程的情况以及如何到达教室，为您提供关于从图书馆借来的书籍截止日期的最新信息，并告知您将要逾期。虽然与全球各个城市实践相比，这些似乎只是些小改进，但它们可以帮助需要智慧化建设的城市形成未来发展的蓝图。

### 未来的发展

随着智慧技术的不断发展和城市中心的扩展，两者的联系将更加紧密。例如，美国、日本、英国都计划将智慧技术整合到未来的城市开发中，并使用大数据技术来完善、升级国家的基础设施。

非常欣喜地看到，来自中国的智慧城市研究团队在吴红辉院长的带领下正不断努力，总结各行业的智慧化应用，为未来智慧城市的发展提供经验。非常感谢他们卓有成效的努力，希望智慧城市的发展，为我们带来更低碳、安全、便利、友好的生活模式！

中村修二　2014年诺贝尔物理学奖得主

作为"一带一路"的重要节点,港口起着举足轻重的作用,扮演着"先行官"的角色。中国港口的货物吞吐量和集装箱吞吐量已连续十余年位居世界第一。随着国内港口的快速发展,港口企业不断完善港口标准化体系,提升全产业链服务能力,积累港口建设、投资、经营实力,积极投入到"一带一路"的建设当中。

"十二五"后期,国务院相继发布了《积极推进"互联网+"行动的指导意见》《促进大数据发展行动纲要》等重要文件,对交通运输信息化发展提出了新的要求。《交通运输信息化"十三五"发展规划》综合交通运输"十三五"专项规划,深入贯彻落实党的十八届五中全会精神,提出了"十三五"时期公路、水路、城市客运及综合运输(协调衔接)信息化的发展目标、主要任务、重点工程和保障措施,包含智慧港口建设的政策规划,这些都有力地促进了智慧港口的建设。

智慧港口借助物联网、移动互联网、大数据、云计算等新一代信息技术,综合利用 GPS、GIS、GPRS、计算机仿真、传感器网络、可视化、人工智能等技术手段,感知、追踪、控制与管理范围已远远超出港口本身的物理空间,涉及多口岸、多港口、多码头、内陆港,实现更多参与方的资源、角色、功能、信息的协同,形成一个结构庞杂的智慧港口物流公共服务(云)平台。

除新兴信息技术的深入应用外,智慧港口也涉及港口多个方面的综合发展,包括港口信息化基础设施的健全、管理和服务全面信息化、人员技术水平的提高、科技创新和信息化建设投入的增加、智慧港口发展模式的认同、智慧港口软环境的建设和不断提升等。

基于此,我们从理论、政策、专业及实用性、实操性几个方面着手编写了

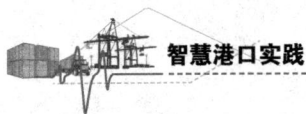

《智慧港口实践》一书，供从事智慧港口实践的机构、智慧港口设备提供商、智慧港口方案提供商、相关从业人员、机构负责人阅读和参考。

本书在编辑整理的过程中，获得了智慧港口方案提供商、设备供应商等一线工作人员的帮助和支持，在此对他们付出的努力表示感谢！同时，由于编者水平有限，书中错误疏漏之处在所难免，敬请读者批评指正。

# 第一篇　理论篇

# 第二篇　路径篇

## 第三篇　案例篇

# 第一篇

# 理　论　篇

# 第1章

# 智慧港口概述

　　智慧港口是以物联网、大数据、云计算、移动互联网等技术手段与港口运输业务深度融合为核心，以港口运输组织服务创新为动力，以完善的体制机制、法律法规、标准规范、发展政策为保障，在更高层面上实现港口资源的优化配置，在更高境界上满足多层次、敏捷化、高品质港口运输服务的要求，具有生产智能、管理智慧、服务柔性、保障有力等鲜明特征的现代港口运输的新业态。其基本特征主要包括港口基础设施与装备的现代化、新技术与港口业务的深度融合化、港口生产运营的智能自动化、港口运营组织的协同一体化、港口运输服务的敏捷柔性化、港口管理决策的客观智慧化、港口供应链上各种资源和各个参与方之间无缝连接与协调联动。

# 1.1　智慧港口的内涵

从字面上看，智慧的"智"是指智商加上知识，"慧"是指情商加上悟性，这两者结合起来被应用到港口中，可使港口不再只具备单一的装卸功能，而是成为一个运筹帷幄的"大脑"。

目前，我们对智慧港口的认识主要集中在以下 5 个方面：

① 智慧港口是港口运营的一个发展阶段，并且是港口发展的高级阶段；

② 物联网、云计算、大数据分析、移动互联网、智能感知等技术是建设智慧港口的关键技术；

③ 智慧港口是信息化与工业化深度融合的体现，新一代信息技术深入港口生产、管理、服务的各个方面；

④ 智慧港口不只是应用了新技术，更是对未来发展愿景、发展理念、发展模式的一种战略描述的体现；

⑤ 智慧港口能对港口运营和资源配置进行智能化的响应，能为生产运营调度和高层管理提供智能化的决策支持，能为生产作业人员提供智能化的开放式应用。

智慧港口是以信息物理系统为结构框架，利用物联网、云计算、大数据及移动互联网、人工智能等新一代信息技术，在信息全面感知和互联的基础上，使物流供给方和物流需求方共同融入港口集疏运一体化的系统。智慧港口可实现车、船、货、港、人五大基本要素之间的无缝连接与协同联动，以智能监管、智能决策和自动装卸为主要工作模式，并能为现代物流业提供高安全、高效率、高品质服务的现代港口形态。智慧港口的管理与生产运营模型如图 1-1 所示。

智慧港口借助功能强大的互联网、物联网、移动互联网、大数据、云计算等现代信息技术，综合利用全球定位系统（Global Positioning System，GPS）、地理信息系统（Geographic Information System，GIS）、计算机仿真、传感器网络、人工智能等技术手段，通过感知、追踪、控制与管理实现更多参与方资源、角色、功能、信息的协同，从而形成一个结构完备的智慧港口物流公共服务（云）平台，具体如图1-2所示。

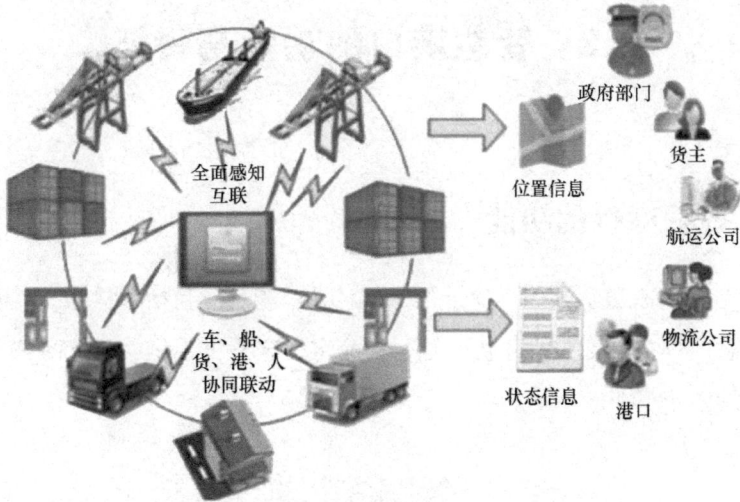

图1-1 智慧港口的管理与生产运营模型

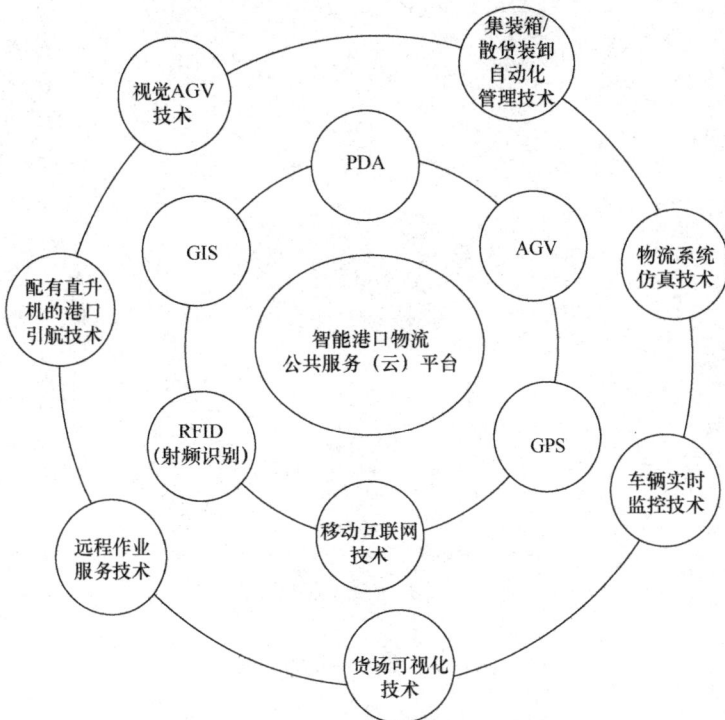

图1-2 智慧港口物流公共服务（云）平台

## 1.2  智慧港口的功能与特征

### 1.2.1  智慧港口的功能

基于港口供应链从上到下的延伸，智慧港口的功能包括智慧码头实现作业自动化、智慧口岸实现通关一体化、智慧物流实现全程可视化、智慧商务实现服务便利化，具体如图1-3所示。

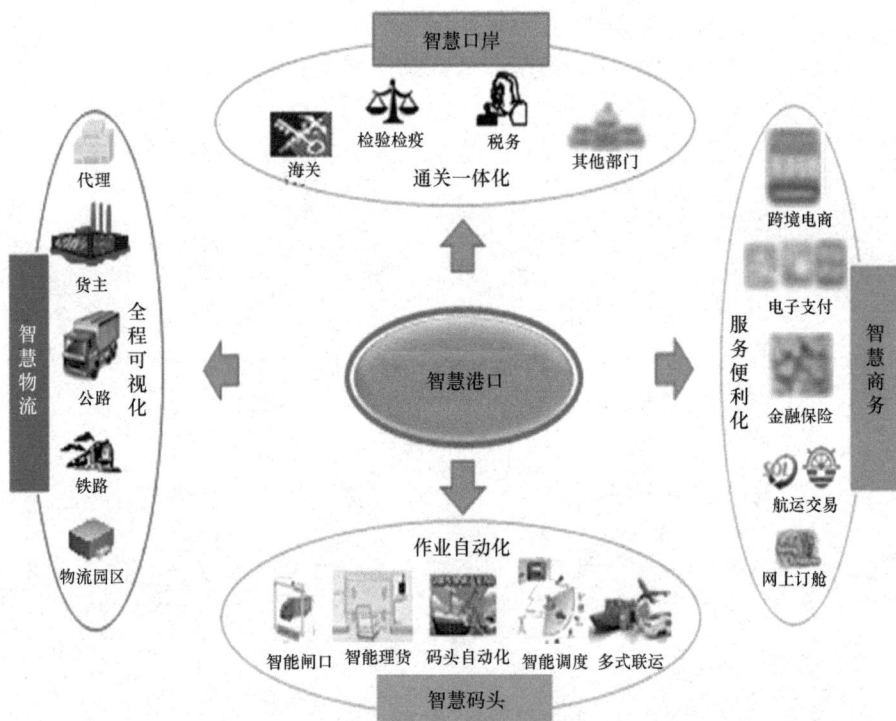

图1-3  智慧港口的功能

智慧港口的功能包括且不限于港口对外服务、港口生产综合管理、码头智能化作业、港口安全监管及应急指挥、港口行政管理、口岸通关一体化对接、网上结算及货运、生产调度指挥、移动呼叫、信息推送。

（1）港口对外服务

港口对外服务是指面向港口外客户、港口业务合作伙伴、港内企业及公众，提供与港口相关的服务。客户可以在平台上完成全部港外物流、港内物流、通关、交易、货运、行政审批等港口业务。

（2）港口生产综合管理

智慧港口可实现港口商务、总调度及各码头调度、设备管理维护、车辆管理、船舶管理、泊位航道管理、安全生产、能源能耗、计费结算、日常办公等全过程的自动化、一体化管理。

（3）码头智能化作业

智慧港口可智能化管理各机械设备、车辆、船舶、货物、磅场、库场、卡口、作业人员、联检等。

（4）港口安全监管及应急指挥

智慧港口负责港口安全监管、危险源主动防控、突发事件处置、应急指挥通信、安全监控预警、安全巡检、应急事件等信息的实时发布。

（5）港口行政管理

智慧港口主要向港航局提供港口政务管理服务，其中包括行政许可申请、审批、政令发布、公文下达流转等。

（6）口岸通关一体化对接

智慧港口可实现海关、检验检疫、海事、边检等部门的跨部门数据共享、监管互认。代理企业可在口岸系统一次性录入申报信息，再将这些信息分别发送到各家联检单位系统，实现"一单多报"。

（7）网上结算及货运

智慧港口提供网上结算、货运等业务，开启多种网络模式，与保险公司打通接口，一站式购买保险，实现港口杂费结算，提供保险资源查询等。

（8）生产调度指挥

智慧港口可实现"多调合一"的管理，即将各项调度功能整合到一个平台上，实现港口生产调度的统一指挥，进而实现多作业线并行的调度管控。智慧港口实现"多级调度"流程的自动化，即对总调度、现场调度及各码头公司联网控制。

（9）移动呼叫

客服呼叫中心系统是港口对外服务的重要通信平台，负责客户咨询、业务引导。智慧港口支持包含服务热线、微信公众号、App 等方式的移动呼叫。

（10）信息推送

信息推送系统支持基于平台、微信、App 等信息推送服务，通过信息主动推送的方式，向客户、港内管理人员、生产人员传递业务状态、调度沟通、客户通知、急件预约、申请、领导批示等信息。

## 1.2.2　智慧港口的主要特征

### 1. 全面感知

全面感知是所有深层次智能感知化应用的基础，智能监测的结果是现场数据的全面数字化。例如，装载危险品货物的集装箱在运输作业过程中，其所装载的货物的尺寸、重量、温度、目的地、当前位置等信息通过传感器被实时感知，并通过移动互联网传输到云数据中心，这些信息被加工成规范的数据并存储起来，用于分析、预警危险品货物的运输。

### 2. 广泛互联

通过云计算、移动互联网技术，港口相关方可以随时随地利用多种终端设备，全面接入港口综合信息平台。通过广泛联系，深入交互，港口综合信息平台能最大限度地优化整合多方需求与供给，使各方需求得到即时响应。

### 3. 高度共享

共享是指公众通过社会化网络平台，分享各自所拥有的闲置资源，帮助其他有需求的人或组织完成消费。港口领域的共享主要包括数据及信息的共享、设备与设施的共享、运输工具动态信息的共享。共享能解决因信息不对称造成的资源浪费，使得资源配置从原来的个体或局部最优转换成全局最优。

### 4. 智能决策

智能决策是在基础决策信息感知收集的基础上，明确决策目标及约束条件，对复杂计划、调度等决策问题快速做出高效的决策。一般来说，智能决策包括基于数据挖掘的知识发现、基于专家系统的知识库、基于智能优化的模型库。

**5. 自主作业**

自主作业是指在智能决策的基础上，设备自主识别确定作业对象，并安全、高效、自动地完成装卸等作业任务。例如，自动引导运输车（Automated Guided Vehicle，AGV）在自动化码头，通过学习和思考确定最优的策略，自主地完成路径的制订、堆场和泊位的分配等工作。

**6. 深入协同**

协同是指协调两个或者两个以上的不同资源或者个体，使其协同一致地完成某一目标的过程。港口领域的协同包括港口内部各单元间的协同及港口外部各单元间的协同。港口内部的协同主要有 AGV 与堆场、AGV 与岸桥、AGV 之间的协同等。港口外部的协同包括车、船、货之间的协同，也包括车与路、车与码头、船与码头之间的协同。

# 1.3 智慧港口的应用及受益方

智慧港口的建设可链接港口运营整个生态系统，这个生态系统包括港口运营相关者（港口管理和运营机构、码头运营公司、航运公司、货主、物流公司、海关）、港口基础设施（岸桥等港口机械、码头泊位、港口道路）、港口腹地连接系统（铁路公司、驳船公司、物流公司）三大领域。智慧港口可提升港口各参与者的运营效果，使各方受益，具体见表1-1。

表1-1 智慧港口的应用及受益方

| 应用 | 说明 | 受益方 |
| --- | --- | --- |
| 港口基础设施 | 监测港口和码头基础设施的健康状态 | 港口管理和运营机构、码头运营公司、航运公司 |
| 货物装卸 | 优化货物装卸操作，提高生产效率 | 港口管理和运营机构、码头运营公司、物流公司 |

（续表）

| 应用 | 说明 | 受益方 |
|------|------|--------|
| 多式联运 | 定位车辆移动路线，提升港口和货物目的地之间的交通流 | 港口管理和运营机构、码头运营公司、航运公司、物流公司、货主、铁路公司、驳船公司 |
| 海关和信息采集 | 简化货物与海关信息的共享流程 | 海关、港口管理和运营机构、码头运营公司、航运公司、货主 |
| 安全保障 | 控制港口访问并提供检测和预警系统 | 港口管理和运营机构、码头运营公司、航运公司、物流公司、铁路公司、驳船公司 |
| 能源与环境 | 减少能源消耗，监测环境 | 港口管理和运营机构、码头运营公司、航运公司、物流公司、铁路公司、驳船公司 |

# 1.4  智慧港口建设的目标和意义

## 1.4.1  智慧港口的建设目标

智慧港口的建设目标如图 1-4 所示。

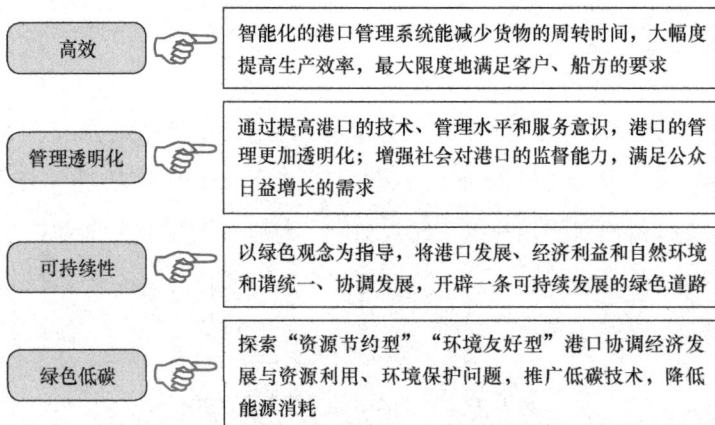

| 高效 | 智能化的港口管理系统能减少货物的周转时间，大幅度提高生产效率，最大限度地满足客户、船方的要求 |
|------|------|
| 管理透明化 | 通过提高港口的技术、管理水平和服务意识，港口的管理更加透明化；增强社会对港口的监督能力，满足公众日益增长的需求 |
| 可持续性 | 以绿色观念为指导，将港口发展、经济利益和自然环境和谐统一、协调发展，开辟一条可持续发展的绿色道路 |
| 绿色低碳 | 探索"资源节约型""环境友好型"港口协调经济发展与资源利用、环境保护问题，推广低碳技术，降低能源消耗 |

图1-4  智慧港口的建设目标

## 1.4.2 智慧港口的建设意义

### 1.4.2.1 有利于高端航运服务业的发展

智慧港口的建设有助于港口发展航运金融、保险、海事仲裁、信息、航运交易等高端航运服务业，拓展航运服务产业链，提升航运交易信息平台功能，可以进一步提升船舶代理、无船承运、船舶管理等传统航运服务业的水平，支撑建立国际航运发展综合试验区。

### 1.4.2.2 有利于提升港口服务水平和服务效率

智慧港口的建设有助于港口打造港口区域物流中心，构建以港口为重要节点的物流服务网络，拓展仓储、货物贸易服务等功能，延伸港口功能的服务链条，建立以港口、码头为节点的多式联运全程信息跟踪追溯系统，推进多式联运的可视化和智能化管理，增强港口码头对临港工业区和腹地经济发展的支撑带动作用，有利于物流业与制造业的两业融合，进而提升港口服务水平和服务效率。

### 1.4.2.3 有利于促进港口结构调整

智慧港口的建设有助于港口结合物联网应用，建设专业化码头和整合港区的作业，从而提高既有设施的技术水平和生产能力，合理调整港区功能，最终有效地提升港口专业化水平，推进港区的建设。

### 1.4.2.4 有利于港口集疏运体系的建设

智慧港口的建设有助于港口加强主要集装箱港区与疏港高速公路的联动，推进大型综合性港区建立客货分离的集疏运体系；加快港口铁路、水上转运、江海联运、内陆无水港、集疏运通道及场站的建设，提升港口的运营效率。

### 1.4.2.5 有利于扩大市场份额和拓展增值业务

智慧港口的建设有助于港口拓展国际中转，促进配送、出口加工等保税业务的发展，有效地推进港口物流公共信息平台和电子商务平台的功能建设和资源整合。

## 1.4.2.6　有利于提高市场的综合监管能力

智慧港口的建设有助于港口加强经营资质预警和动态监管、危险品码头和客运码头的动态监管，以及客船、危险品船的实施管理等，有利于建立统一、开放、竞争、有序的行业市场体系。

## 1.4.2.7　有利于绿色港航工程的建设

智慧港口的建设有助于港口加快推动港口码头设施的技术改造，有利于再生能源的利用，提高港口码头资源的综合利用以及资源循环的利用效率，降低港口码头对生态环境和人文环境的影响。

# 第2章

# 智慧港口建设的关键技术

智慧港口的建设并不是一蹴而就的，须借助功能强大的互联网、物联网、移动互联网、大数据、云计算等现代信息技术，综合利用 GPS、GIS、GPRS、计算机仿真传感器网络、可视化、人工智能等技术手段进行透明感知、广泛连接、深度融合，从而强化港口企业的核心能力，支持港口的可持续发展。

# 2.1 物联网技术

现今，物联网技术已经被应用到港口生产的各个环节，智慧港口通过条码、射频识别（Radio Frequency Identification，RFID）等技术收集和管理从港口企业内部的生产调度、码头操作、业务管理、安全监管，到外部的电子数据交换（Electronic Data Interchange，EDI）、物流平台、口岸平台建设等各个方面的数据。

## 2.1.1 实现多位一体、物流监控体系的全程覆盖

港口通过应用物联网技术实现"船、车、货、场"多位一体、物流监控体系的全程覆盖，提升了监管效率，缓解了现场实际监管需求和人力资源不足之间的矛盾。依托自动识别系统（Automatic Identfication System，AIS）、GPS、RFID、电子关锁等产品，在海关通关部门、物流监控部门、技术部门的支持下，智慧港口的监管体现在以下4个方面，具体见表2-1。

表2-1 智慧港口的监管内容

| 序号 | 监管内容 | 监管说明 |
| --- | --- | --- |
| 1 | 船只 | 船只联网监管的目的是：将AIS船舶监控系统与海关、港务等港口相关部门的信息化系统相互联通；将码头、泊位等信息准确无误地显示在海图上；确认海关监管船舶动向是否向海关部门做出申报；将内、外贸船舶性质做出区分 |
| 2 | 车辆 | 建设GPS平台，安装车载GPS终端，监控货运全过程，杜绝舞弊行为。转出地海关有效运用电子关锁技术将施封信息写入其中，货物转入地海关可实现自动识别验封，并与海关后台相关数据进行比对，使海关监管效率得到了一定的提升 |
| 3 | 货物 | 为了反映货物性质的准确性，港口建立了货物账册管理模块，并通过RFID技术，在监管场所内实现货物进/出、盘点等作业的实时、精细、智能化管理 |
| 4 | 场所 | 通过物联网中的识别定位、AIS、RFID、视频监控、智能卡口识别、EDI等技术，推动仓库、堆场智能化，实现进出关口的车辆、集装箱、货物等的全程智能化以及可视化监管 |

## 2.1.2 物联网技术在港口运营中的应用

（1）港口智能化装卸生产与管理

港口非常重视在信息技术方面的建设，信息化、智能化为港口的高效运转起到了决定性作用。目前射频技术、无线通信技术、GPS 技术在码头的部分环节的应用中取得了显著的成效。港航业可采用视频监控、识别传感、GPS+GIS 跟踪、自动分拣等技术收集码头作业的相关信息，实现码头集装箱作业的自动化、智能化。

港口在生产、管理等环节采用 RFID 及其他传感器技术，自动采集数据，并汇集港口其他部门以及周边物流企业、行政职能部门的信息，再结合云计算平台进行智能化处理，从而实现港口生产和监管的全网络、全透明、全过程管理，为企业提供一个高效、快捷、安全、环保、低成本的良好的港口物流服务环境。

（2）集装箱智能闸口

集装箱智能闸口应用无线射频技术，结合码头生产管理系统，在车辆进出闸口时，可自动读取 RFID 内的相关数据，完成海关信息校验审核、称重、打印单据等操作，并将闸口获取的信息传送给码头堆场的轮胎吊等机械，及时准确地生成收发箱指令，从而提高进出闸口的速度，减少堵闸情况的发生。

（3）大型港口装卸设备的智能化管理

现代港口装卸使用大型机械，如集装箱码头的岸边机械桥吊、场地机械轮胎吊、散货码头的卸船机或门机、散杂货堆场的皮带机等大型机械设备。现代港口的设备电气化程度较高，具有一定的建设基础。集成大型设备的 PLC 运行、状态信息，可实现对其的集中监控，增强设备的安全与控制；通过设备内部管理网络与互联网的联通，实现港口设备的远程监控及故障排除；采用电子标签、GIS、GPS、遥感（Remote Sensing，RS）等技术，自动识别、记录港口的固定资产，完成其全生命周期的管理。码头生产管理系统可结合管理网络将控制中心的指令传达给大型设备的司机室，司机可根据指令直接作业、确认和统计等。

（4）船舶自动识别

在海域方面，船舶监控系统通过无线射频、GIS、无线通信网络实时获取船舶到达码头的数据，配合激光靠泊技术，引导船舶安全抵／离码头。同样此套系统及技术被应用在码头内部的拖轮管理上，记录其作业情况，使拖轮驾驶员在工作过程中严格遵守各项规章制度，进行标准化作业以避免违章操作。管理人员也可远程了解工作中的现场情况，发现问题后在第一时间给予处理。

（5）港口机械调度管理

港口装卸生产的主要工具有桥吊、轮胎吊等固定机械和卡车、叉车等流动机械。在繁忙的码头作业中，如何协调港口机械高效有序地作业是码头运营人员越来越关注的问题，该问题的解决不仅能提高生产效率，同时还能降低能耗、节约成本。

整个系统集合 GPS、RFID、WLAN（Wireless Local Area Network，无线局域网）等技术，加以整合港区内部集卡运输资源。驾驶端安装有接收终端设备，可将码头操作的调度指令传达给司机，司机根据指令进行集装箱的拖运流转。调度部门可通过图形化的程序监控码头堆场区域内的机械运行情况，从而全面掌握现场的第一手资料，实现集卡运输全程的信息采集、存储、处理、查询、统计分析。

（6）港口车辆监控

在港口物流中，外点装箱的集卡以及海关监管的集装箱都需要被监控。监控系统通过采用 GPS、RFID 等技术，在集装箱运输过程中，实时监控运输车的行驶位置和状态，保证其按既定路线安全行驶，帮助海关监管集装箱在运输途中的状况，确保货物安全并得到海关认可。

（7）冷链物流管理

在众多类型的集装箱中，冷冻箱是特殊的一类，无论是在船上还是在堆场甚至是在陆路运输中，温度监控是各方关注的重点。冷链物流利用电力载波技术，通过供电电缆实时、全自动采集温度。在陆路运输中，卡车上可安装带有温度控制功能的有源标签，结合 RFID 技术，标签可连续记录温度数据，这样可以方便责任界定和信息追溯，可以快速掌握生鲜品在运输途中的温度状况，并为冷链监测中心数据平台提供第一手资料。

## 2.2 大数据技术

大数据是由数量巨大、结构复杂、类型众多的数据构成的数据集合。大数据的分析基于云计算应用模式，通过多源融合和数据挖掘，形成有价值的信息资源和知识服务。

### 2.2.1 大数据应用对港口企业的重要意义

港口作为物流链上的重要节点，沉淀了海量的数据资源，拥有明显的数据优势。随着大数据技术和解决方案的创新和完善，港口企业能够将港口实际生产过程中产生的数据进行存储、分类、加工，再借助数据挖掘技术，优化港口作业各环节，深化与客户的关系，进一步提升企业的业绩。将大数据技术应用于港口企业的生产，可提高港口企业的生产效率，为港口企业的决策提供参考依据。

港口的信息是经济发展变化的晴雨表。我们通过分析港口货物运量的变动信息，可以发现一个国家或地区的经济消长态势；通过对港口货种结构信息的分析，可以发现一个国家或地区产业结构的变动趋势；通过对港口货物关联信息的深入挖掘分析，可以发现港口的经营发展趋势；通过对港口船舶相关信息的挖掘分析，可以提供港口拥塞等问题的解决方案；对于港口企业发现新市场，明确经营方向和制订发展战略，调整港口功能布局和建设规划，都具有重要的作用。

### 2.2.2 港口信息化建设中大数据应用的关键技术

在港口信息化的应用中，企业先建立统一的大数据信息集成平台，收集包括生产管理系统、集装箱管理系统、财务系统、设备系统、物资系统、固定资产管理系统、人力资源管理系统、工程管理系统等各应用系统的数据；再利用数据仓库技术，抽取、清洗、整合数据等，使基础应用系统的数据由原来分散的、无规则或规则不强的业务数据成为集成数据；最后运用数据挖掘技术，通过大量的数据分析，得到对港口企业决策有一定指导作用的信息。

### 2.2.2.1　港口数据采集技术

港口航运业务流程中会产生数量规模非常庞大的数据，因此，通过各种方法获取数据信息显得格外重要。航运数据的采集是大数据处理流程中最基础的一步，目前常用的数据采集手段有传感器采集、RFID、AIS 采集等。由于移动终端设备的迅速普及，大量的移动软件被开发应用，这也加快了信息的流通速度，提高了信息采集精度。

### 2.2.2.2　港口数据存储技术

港口大数据的处理对实时性、有效性提出了更高的要求，传统的常规技术手段已经无法应对，目前最适用的技术是以 Hadoop、Spark 为代表的分布式存储和计算技术。

为了存储千亿级的数据，智慧港口的建设需要灵活可扩展的底层硬件技术的支持。目前可采用的技术是私有云计算技术，该技术可根据需要随时动态调整分配系统资源，包括 CPU、内存、存储及网络带宽等资源。若服务器物理主机失效，基于 XenServer 的虚拟化技术可以将其自动转移到另外一台备用的服务器主机上，从而保障了服务的高可靠性。

### 2.2.2.3　港口数据加工技术

数据加工技术是指港口业务数据、港区设备运行数据、船舶装卸数据、船舶 AIS 数据、船舶运输量、货物类型和港口吞吐量等不同来源的异构数据，经过 ETL（Extract-Transform-Load）的处理，最后形成统一的数据仓库。

数据加工技术主要有以下方法。

① 处理重复数据的方法：排序、聚类、分组、Apriori 算法、VSM 算法、N-gram 方法等。

② 处理错误数据的方法：利用统计分析或人工智能的方法检测属性的错误值或异常值；使用简单数据清洗规则库检测和修正错误。

③ 处理噪声数据的方法：聚类算法，包括基于统计的孤立点检测、基于距离的孤立点检测和基于偏离的孤立点检测。

④ 处理缺失值的方法：用平均值、中间值、最大值、最小值或更为复杂的概率统计函数值代替缺失的值，人工输入一个可接受的值。

#### 2.2.2.4　港口数据查询技术

针对港口大规模的数据量，企业应用港口数据查询技术能迅速找到所对应的计算数据，并调用对应的经济技术指标，得出分析结果，但同时需要引入分布式计算，使其支持 RESTful 架构的数据库技术及概念。目前，专门针对大数据检索的方法主要有布隆过滤器、散列法、索引、倒排索引、Trie 树等。

#### 2.2.2.5　港口数据分析技术

数据分析是大数据技术的核心部分，传统的数据分析方法有绩效分析、能耗分析、关联规则分析和聚类分析，而港口大数据较为复杂，针对大数据分析的方法主要有并行计算、粒度计算、数据挖掘等。

企业应用大数据分析中的感知技术对船舶的实时监控数据以及港口拥堵情况进行统计，可以推断出港口的拥堵情况；对货物种类和客户群进行分析，可以找出货物之间的关联关系，以便对前方堆场及后方货运提供决策支持；另外，通过对客户群进行分析，可以对不同的客户采用不同的经营策略，从而提高港口企业的经营水平和经济效益。

大数据时代的数据数量和复杂度的提高给数据探索、分析和理解带来了巨大挑战。数据分析是大数据处理的核心，但是客户往往更关心结果的展示。数据的展示通常采用可视化技术和人机交互技术，使用高级数据语言建模，实现对港口运营、船舶监控等数据的充分利用，满足港口大数据可视化查看、视图实时化、多位数据图形化、交互人性化的要求。

### 2.2.3　大数据在港口信息化建设中发挥的作用

大数据在港口信息化建设中发挥的作用表现在以下方面。

### 2.2.3.1　整合信息资源

大数据可以帮助港口整合信息资源，强化数据标准化建设，实现信息资源模式的统一。港口整合内部多个业务系统中最核心的、最需要共享的数据，集中清洗和丰富数据，并且以服务的方式把统一的、完整的、准确的、具有权威性的核心数据分发给需要使用这些数据的应用；同时，通过"数据总线"与港口码头、口岸业务单位乃至监管机构等系统对接，完善物流、通关、贸易、金融、保险等信息元的智能采集、处理、分析和决策支持流程。

### 2.2.3.2　助力数据信息的分析处理与决策支持

基于数据信息的分析处理与决策支持是未来智慧港口服务发展的方向，具体如图 2-1 所示。

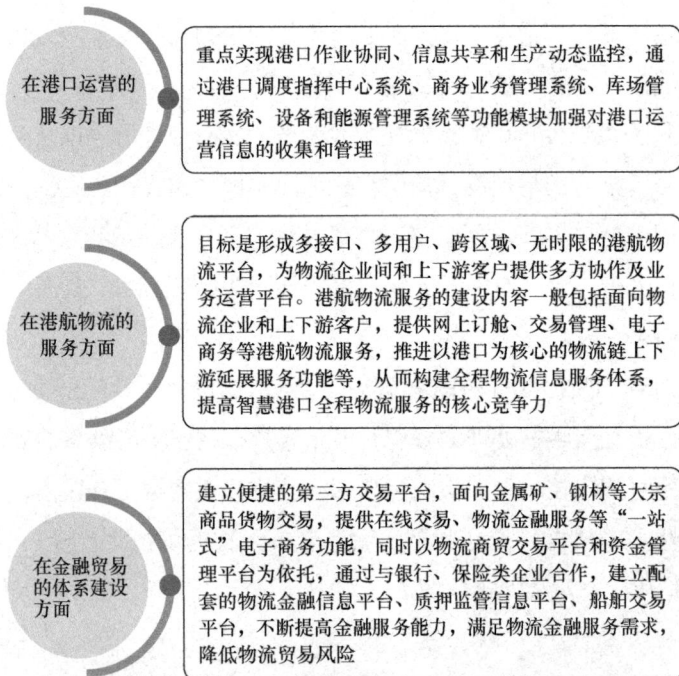

**在港口运营的服务方面**　重点实现港口作业协同、信息共享和生产动态监控，通过港口调度指挥中心系统、商务业务管理系统、库场管理系统、设备和能源管理系统等功能模块加强对港口运营信息的收集和管理

**在港航物流的服务方面**　目标是形成多接口、多用户、跨区域、无时限的港航物流平台，为物流企业间和上下游客户提供多方协作及业务运营平台。港航物流服务的建设内容一般包括面向物流企业和上下游客户，提供网上订舱、交易管理、电子商务等港航物流服务，推进以港口为核心的物流链上下游延展服务功能等，从而构建全程物流信息服务体系，提高智慧港口全程物流服务的核心竞争力

**在金融贸易的体系建设方面**　建立便捷的第三方交易平台，面向金属矿、钢材等大宗商品货物交易，提供在线交易、物流金融服务等"一站式"电子商务功能，同时以物流商贸交易平台和资金管理平台为依托，通过与银行、保险类企业合作，建立配套的物流金融信息平台、质押监管信息平台、船舶交易平台，不断提高金融服务能力，满足物流金融服务需求，降低物流贸易风险

**图2-1　数据信息的分析处理与决策支持**

| 在航运交易的体系建设方面 | 重点搭建物流服务与船舶交易平台,为智慧港口的船舶交易及贸易提供国际结算、融资服务、航运保险和航运衍生品交易支撑,为各类客户提供物流信息发布和获取渠道,降低供需双方的交易成本和交易风险,提升港口的现代航运综合服务能力 |

| 在通关监管服务的体系建设方面 | 通过信息数据接口,获取并发布政府主管部门的港航监管信息,方便社会公众了解和掌握航运中心的动态;同时面向海关、检验检疫、海事等监管部门以及口岸客户,提供网络化的申报、审批和管理等通关支持,实现口岸监管部门与监管场所的高效联动 |

| 在信息增值服务的体系建设方面 | 以大数据中心的海量数据资源为基础,为各层面经营管理提供统计分析与决策支持 |

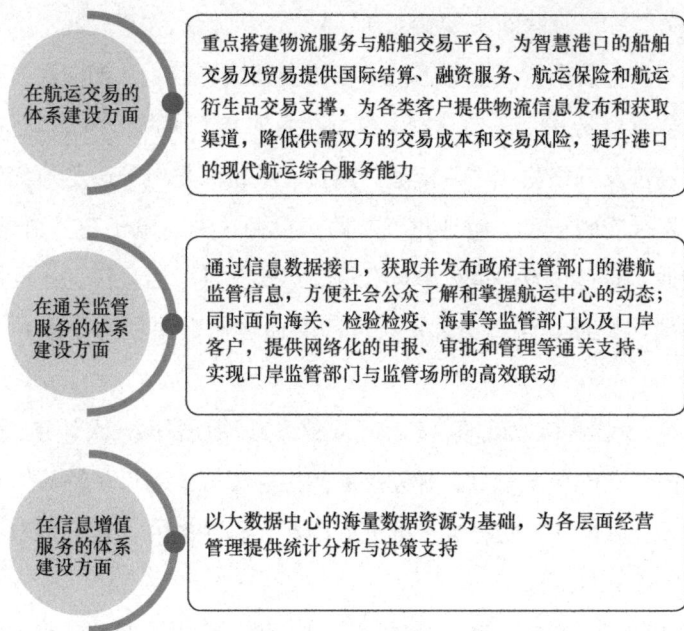

**图2-1 数据信息的分析处理与决策支持(续)**

# 2.3 移动互联网技术

移动互联网是移动通信和互联网融合的产物,是互联网的技术、平台、商业模式和应用与移动通信技术结合并实践的活动总称。移动互联网技术已成为港口转型发展、建设"智慧港口"的一个战略抓手。

## 2.3.1 互联网+港口

"互联网+"不是对传统产业的颠覆,而是对传统产业的升级。在国务院推出的"互联网+"的11个行动计划中,与港口相关的是"互联网+高效物流""互联网＋电子商务"和"互联网＋便捷交通"3个行动计划。"互联网＋高效物流"要求通过物联网、大数据、云计算等技术在物流领域的应用，加快建设跨行业、跨区域的物流信息服务平台，提高物流供需信息对接和使用效率。"互联网＋电子商务"是通过普及网络化生产、流通、消费，不断深化电子商务与其他产业的融合，并大力发展农村电商、行业电商和跨境电商，创造电子商务新模式。"互联网＋便捷交通"是通过互联网化基础设施、运输工具、运行信息，推进基于互联网平台的便捷化交通运输服务发展，提高交通运输资源利用效率和管理精细化水平。

"互联网＋"作为国家战略，其核心是推动移动互联网、云计算、大数据、物联网等与传统企业的深度融合，并发展新的生态模式。港口是物流供应链中的重要节点，以"互联网＋"的思维来推进港口新业态的发展，建设智慧港口，可提高港口的综合竞争力。

港口是由设备、设施、人、货物、金融、信息等组成的有机整体，提供装卸服务和现代港口服务。"互联网＋港口"应充分发挥互联网在港口生产要素配置中的优化和集成作用，将互联网的创新成果深度融合于港口发展的各个领域中，提升港口的创新力和生产力，形成更广泛的以互联网为基础设施和实现工具的港口发展新形态。

## 2.3.2　港口的社群思维

在互联网时代，产品与消费者之间不再是单纯功能上的连接，而是在共同作用下形成了自运转、自循环的经济系统，也就是社群经济。首先港口要形成自己的"小圈子"（航运、海事、海关、船代、货代等）和"大圈子"（临港保税区企业、临港物流园企业、临港工业企业、港城互动企业、港口腹地企业等）；其次紧抓国家战略，建立基于"互联网＋"的港口社群思维（"小圈子"和"大圈子"的情感信任和价值反哺），形成港航主导的大物流战略联盟生态圈，从而实现整合、联盟、互动、共享和共赢，具体如图2-2所示。

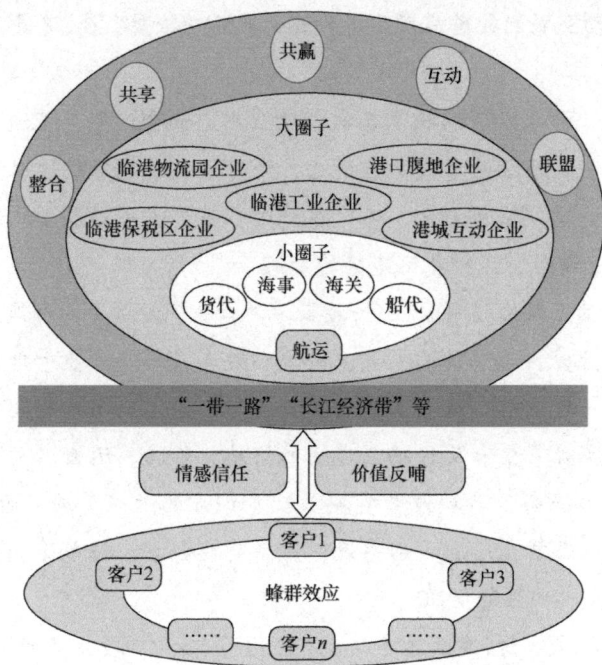

图2-2 港航主导的大物流战略联盟生态圈

## 2.3.3 港口的移动互联

互联网可以与港口相关成员的移动终端结合，使港口内人员可以随时随地掌控港口的动态。目前，许多港口已经搭建了移动应用平台，实现了协同办公、新闻资讯、生产业务、平安港口、员工服务、员工社交等功能，远程管控港口；有的港口开发了移动智能疏港系统，如呼叫中心声讯系统、二维码验证系统、移动短信平台、二代身份证验证系统、车辆号牌识别系统、电子门禁系统等，为客户提供全方位、多层次、交互式港口业务查询及咨询服务，从而提高了工作效率和服务质量。

他山之石

### 连云港港口：移动互联网助"智慧"发展

移动互联网技术是移动通信和互联网两大领域技术深度融合的产物，

大力发展移动互联网技术应用已成为连云港港口转型发展、建设"智慧港口"的战略抓手。

在该港，移动互联网技术正被广泛应用。如今，职工可通过手机终端随时随地地了解掌握全港的工作动态，还可通过手机终端随时随地地掌握码头的生产进度、监督安全，港口客户远在万里也可通过手机终端掌握码头货物和作业情况，了解货运市场的动态。

通过移动互联网技术的应用，连云港港口生产逐步走向智能化、信息化。

在码头生产方面，其自主研发的大型件杂货码头业务管理信息系统进一步拓展，一改从前单纯人工录入数据的旧模式，现场作业理货人员使用手持终端，实时采集和反馈码头现场的场地、货物、运输工具等信息和作业结果，大幅提高了港口件杂货码头生产调度的效率，同时卡口、公安、船货代公司以及货主等通过网络及时了解货物数量、位移等相关信息，作业效率和安全水平显著提高。

在企业社交方面，连云港港口开发应用了"云之家"企业微博和"RTX"企业实时通信两个软件，目前已开通近2000名员工账户，日均消息推送千余条，这两个软件已成为集团职工日常信息沟通和工作协同的重要工具。

在对外服务方面，连云港港口集团开发的"一站式"服务平台已稳定运行多年，极大地提高了港口的业务效率，节省了成本。目前，为了向港口客户提供更为便捷的业务办理手段和更良好的客户体验，通信公司正在加速推出"iPort港务通"港口电子商务移动应用软件，将现有"一站式"服务的功能全面移动化。

# 2.4　云计算技术

云计算技术在港口中的应用之一为建立港口云计算中心，如图2-3所示。

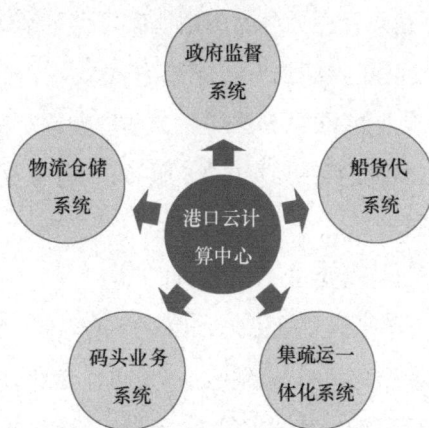

图2-3 港口云计算中心

## 2.4.1 中小型港口企业采用的云服务

企业在不同的发展阶段对 IT 资源的需求不同，云计算将为企业提供适合自身发展的服务。针对中小型港口企业在起步发展、成熟、稳定发展阶段的不同的 IT 需求，云计算可给出与之相应的解决方案。

（1）起步发展阶段——共享的云

处于起步发展阶段的中小型港口企业，资金实力相对薄弱，对 IT 资源依赖少。此时中小型港口企业可采用软件即服务（Software as a Service，SaaS）模式，从云中获得服务。处在这一阶段的 IT 服务资源通用性强，个性化要求低。例如，面向中小港口企业的电子商务网站，采用 SaaS 模式获得 IT 资源，可降低中小型港口企业的 IT 建设与维护成本。由于各企业共享应用程序，维护方能方便快捷地升级软件，以满足企业的需求。

（2）成熟阶段——资源独占的云

当港口企业发展到成熟阶段时，生产业务流程相对稳定，此时港口企业要求采用 IT 服务来提高生产效率。云服务可为处于成熟阶段的港口企业提供资源独占的云。此时，港口企业的应用程序将独享运行在云计算平台上的应用程序，并且享有一定的流程定制权利和管理权限。

港口企业独享运行在云计算平台的应用程序可以带来诸多好处。这种模式类似于云为企业提供一个远程的数据中心。在传统模式下，企业不但要购置全套的软硬件设备，还必须有专业的 IT 队伍来维护这些软硬件。在云服务模式下，企业只需花少量资金就能从云中获得高质量的 IT 服务，并有专业的技术人员为其维护，从而保证应用的有效运行。

（3）稳定发展——随需而变的云

企业经营需要 IT 资源来满足其需求，但更多的时候，这些 IT 资源都是闲置的，没有被有效利用。云服务将有效解决这一矛盾，当港口企业运营峰值到来时，云计算平台将自动为其分配满足其要求的 IT 资源。峰值过后也将自动移除多余的 IT 资源。这样不仅实现了资源的有效利用，而且降低了港口企业使用 IT 资源的成本。随需而变的云可为企业动态分配 IT 资源。

## 2.4.2　大型港口企业采用的云服务

大型港口企业与中小型港口企业采用云计算服务的策略有所不同，在形式上更加灵活，主要有以下两种方式。

（1）搭建企业专属的内部云计算平台

大型港口企业一般具有较强的 IT 软硬件资源并拥有相对专业的 IT 人才。随着 IT 环境的复杂性与日俱增，企业的 IT 预算更多地被用于维护基础架构和应用程序的正常运行，而不是更好地满足业务需求。借助云计算技术，大型港口企业可以采取注重实效的方法在自身的 IT 环境中实现云计算。通过构建内部云，IT 部门可以大大简化计算框架，从而降低成本，提高灵活性，使 IT 能够以更快的速度响应不断变化的业务需求。

（2）内部 IT 服务与云计算服务相结合

整个企业的 IT 转移到云计算中的成本很高，不利于运用现有的 IT 资源。所以大型港口企业采用把企业现有 IT 资源与云计算服务相结合的方式，来支撑企业 IT 设施运行。这种方式不仅能有效降低建设成本，还能降低企业采用新技术的成本。企业可以从云中采购先进的软件服务，通过标准化的接口，将其与现有应用进行整合，加快软件的交付时间和减少 IT 运维成本。

# 2.5 GIS技术

GIS 是一种特定的地理信息系统。它是在计算机硬件、软件系统的支持下，对地理分布数据进行采集、存储、管理、处理、分析、显示和描述的技术。

## 2.5.1 GIS 技术在港口规划建设中的应用

GIS 技术可应用于港口的规划建设，实现相应管理工作的自动化和图形管理。

### 2.5.1.1 港口GIS数据平台

港口 GIS 空间信息基础数据平台（以下简称"数据平台"）是指在港口信息化进程中，用于满足港口各系统与地理空间相关信息的采集、应用、交互和共享，并提供标准参照数据和运行环境的系统。数据平台作为 GIS 的核心，同 GIS 其他部分的关系见表 2-2 所示。

表2-2 数据平台同GIS其他部分的关系

| 应用系统 | 综合信息应用 | | |
|---|---|---|---|
| | 政府应用系统 | 企业应用系统 | 公众应用系统 |
| 港口GIS空间信息基础数据平台 | | | |
| 支撑软件 | | | |
| 信息化基础设施 | | | |

由表 2-2 可知，信息化基础设施是构成宽带、多媒体信息网络的硬件环境，是港口信息化公共基础设施，是各类信息应用依赖的基础运行环境。支撑软件主要包括网络操作系统、开发工具和专业软件等，这些都与运行的信息系统有关。相对于其他应用系统，港口 GIS 数据平台包括 GIS 和分布式数据库系统等。空间

信息基础数据是构筑在信息化基础设施和支撑软件环境之上的空间框架性基础数据，主要包括多种比例尺数字化地形图、数字化遥感影像图和港口基本地理统计单元等数据，是"数字港口"的核心内容之一。

港口管理及其他有关部门、港口及相关企业、广大公众等应用系统是建立在公共信息基础设施和运行环境上的应用系统，按应用对象可分为两大类：一类是建立在数据平台之上，可满足各类应用需求的专业信息管理系统，如规划管理系统、土地管理信息系统和建设项目管理系统等；另一类是建立在空间信息基础数据和各类专业数据基础之上的综合性分析系统，如统计、资料和预测分析等可为港口管理部门、港口企业以及有关研究、规划和设计等咨询服务机构等提供依据和辅助决策的空间地理信息数据库系统。两者均属于应用型地理信息系统（"应用型港口 GIS"）。在应用型地理信息系统的基础上，港口 GIS 数据平台通过加密管理等一系列处理后，能够形成面向社会、服务于广大公众的地理信息系统，即公众应用系统（"大众型港口 GIS"）。

数据平台在港口信息化建设中的作用主要体现在以下 3 个方面。

① 数据平台是"数字港口"空间参照体系，是定位参考基准，可供各类用户添加其他与空间地理信息有关的专题信息。数据平台是一个统一、独立和开放的系统，能为应用型港口 GIS 提供所需的公共基础信息，是实现港口全部空间信息共享的公共平台。

② 以数据平台的空间基础数据为背景建立的各类应用型港口 GIS，是港口区域、港口应用系统进行数据交换的公共交换平台，是全港空间地理信息交换的枢纽。

③ 数据平台既具有"数字港口"空间地理参照体系，又包含与其相关的基础数据，因此，信息价值较高。

### 2.5.1.2 港口基础型GIS

港口基础型 GIS 不仅是信息丰富、维护及时和共享便捷的港口公共空间地理信息平台，还是支撑港口各类管理信息系统的公共服务平台，主要功能包括以下几点。

① 汇集港口基础测绘成果和空间地理信息，并进行必要的加工、处理和集成，建立多尺度、多类型的空间基础地理信息数据库。相关人员会对该数据库进行定

期更新和维护。该数据库为港口的规划、建设、生产和管理等提供基础地理信息服务。

② 提供空间数据及其属性的分析功能，有关空间分析、模型及其数据和运算结果将存储在空间数据库；提供坐标定位、图号定位、索引图定位、书签定位、图名定位、结果集定位等多种快速空间定位方式。

③ 提供空间数据库的各类信息查询、显示功能。

港口基础型 GIS 的架构如图 2-4 所示。

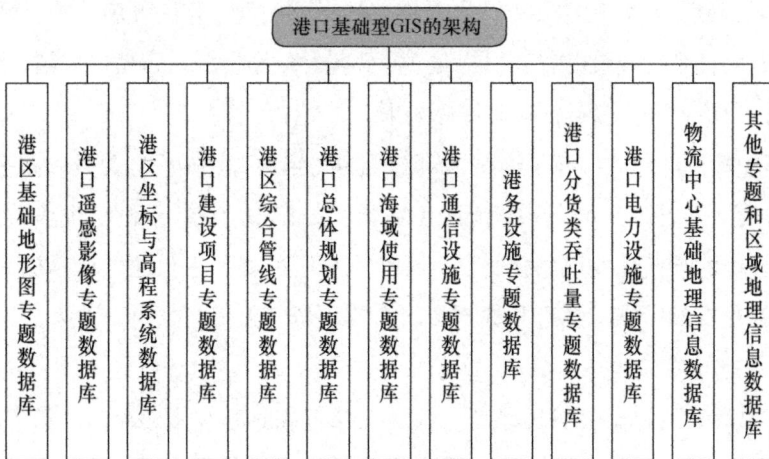

图2-4 港口基础型GIS的架构

### 2.5.1.3 港口应用型GIS

港口应用型 GIS 是和各专业管理相适应的专业分析决策系统，是基础型 GIS 的深层次应用。港口应用型 GIS 包括港口规划管理 GIS、港口土地管理 GIS、港口建设项目管理 GIS、港口船舶计划调度 GIS、港务设施管理 GIS 和港口物流管理 GIS 等多个系统，以及在这些应用系统的基础上衍生出的下一层次系统。

应用型 GIS 作为一种日常管理和分析决策的工具，具备多个专业的分析模型，可完成辅助决策功能。港口规划管理、土地管理、建设管理、设施管理、库场管理、船舶调度管理和物流管理等均可以依托港口基础型 GIS，开发建设相应的应用型 GIS，将日常管理工作电子化、信息化和数字化。

### 2.5.1.4　港口公众型GIS

面向港口货主、代理和运输公司等诸多用户的公众型 GIS，可被用于门户网站和触摸屏查询等公共服务领域，为公众提供与港口空间地理信息相关的各项服务。

## 2.5.2　GIS 技术在港口基础设施建设中的应用

根据港口建设与管理的要求，以及港口信息化、数字化的发展趋势，港口基础设施管理信息系统建设的总体目标是：整合各种数据资源，为港口规划、建设、施工服务，为领导决策服务，具体目标如下。

① 建立基础地形数据库（道路、铁路、建筑、锚地、水域等）、管线数据库（电力、通信、给水、排水）和码头设施库（堆场、皮带机、装卸机械）、地块数据库，实现图档管理的规范化和网络化。任何一个有权限的操作人员通过计算机都可以方便、快速地查询所需的图形和数据资料，实现资料的信息共享，大大提高资料的利用率和工作效率。

② 建立综合管网信息管理系统。该系统具有数据输入、数据编辑、属性查询、数据统计、综合分析、资料输出、数据转换、数据备份和恢复、用户及权限设定等多种功能，可实现码头设施信息的动态管理，为码头设计、建设及管理提供服务，为管网规划、抢险、改扩建决策提供技术支持。

③ 提高管网设计与改造的效率与科学性。管网设计人员使用该系统能方便地查询到地形图、各专业管线等图形和属性信息。同时，系统提供碰撞分析、横纵剖分析等专业分析手段辅助进行管网设计与改造。

④ 建立码头基础设施地理信息系统，实现码头综合信息的数据共享，提高施工效率和准确性，避免因地下管线资料不详而引起碰撞管线和挖断管线等事故。

⑤ 建立应急指挥系统。在发生泄露、挖断事故时，该系统能帮助工作人员找出事故地点，给出解决方案，触发应急指挥系统，通知负责部门（乃至责任人）组织抢修、疏散等。

# 2.6 人工智能技术

（1）人工智能在码头无人驾驶设备中的应用

近几年，无人驾驶受到了人们密切的关注。当前人工智能的主要细分技术包括机器视觉、深度学习、图形处理器（Graphics Processing Unit，GPU）技术等。随着人工智能技术新一轮的发展浪潮的到来，人工智能与港口集疏运设备的自动驾驶也愈加契合。

西井科技与振华重工联合研发出一款无人跨运车，并成功在某码头完成了多次实际场景路测。该无人跨运车无须事先埋设磁钉，依靠人工智能技术，即可实现自主定位、自主导航的无人驾驶决策，不但可以自动规避障碍物，还可以做出减速、刹车或绕行等遭遇突发状况的各种决策。同时，无人跨运车可根据码头的实际路况，自主规划集装箱水平运输的最优驾驶线路。

在无人集卡方面，2018 年 1 月，西井科技与广东珠海港集团合作的全球首辆港口作业无人集装箱卡车正式亮相珠海港；2018 年 4 月，图森未来也提出了港机系统及港务系统在无人码头内对接集装箱转运车队的解决方案。图森未来的无人集卡通过无缝对接码头操作系统，获得相应运输指令后，可实现码头内任意两点间的水平移动及岸吊、轮胎吊、正面吊、堆高机处的自动收送箱功能。

（2）人工智能在自主箱号识别技术中的应用

集装箱箱号是集装箱在整个港区进行装卸船、堆放、验残、出关等作业时流转的依据，对港口大数据流转、理货公正性等有直接影响。集装箱的作业通常在露天环境，易受到港口所在地的气候、光照条件等影响，且集装箱的箱号横竖排列不定，存在曲面、油漆脱落等情况，因此集装箱箱号快速、精准的识别成为技术难点。

人工智能的视觉技术以及深度学习算法的突破，使机器在"看"这一认知能力上得到加强。人工智能技术可以实现箱号的自主识别，提高箱号识别的效率和准确率，并可在此基础上进一步实现港区无人智慧闸口、无人智慧吊装等功能。

（3）人工智能在智慧船舶配载中的应用

船舶配载是海上货物运输中的重要环节，集装箱船舶配载是指在确保船舶适航性和经济性的前提下，根据船公司要求，按照一定装箱规则绘制预装船图，以便将集装箱合理地装在集装箱船舶上。集装箱船舶配载是一项复杂、全面、综合性强、技术含量高的工作，对操作人员的综合素质的要求较高，其配载质量直接影响码头装卸作业效率和船舶的安全性能。

船舶配载可结合船舶的箱量分布、箱型比例、挂靠港等信息，以及实时的货物堆存信息、机械设备状态、班轮航线、泊位、货源等信息，利用人工智能算法，在预测的基础上，自动完成最优配载图，将货物安全、高效地装船，从而提升船舶的有效积载。

（4）人工智能在码头智能调度中的应用

港口智能调度将借助物联网技术、人工智能技术，结合实时的生产现场机械设备状态、泊位、车辆运输等相关数据，并与船舶行驶状态实时交互，实现信息系统指令与码头机械设备控制功能的无缝衔接，提高作业效率和准确率，保证生产过程的连续、协调、均衡和经济运行，以实现生产效益的最大化。

（5）人工智能在码头设备故障诊断中的应用

随着港口吞吐量的增加及集装箱船的大型化的发展，港口机械设备越来越高端，出现的故障也越来越复杂。如果设备发生故障，将对港口企业带来不可估量的损失，因此，对机械故障进行准确诊断并及时采取应对措施是一项重要的任务。随着人工智能技术的发展以及相关领域学科研究的深入，智能故障诊断为提高复杂系统的可靠性开辟了新的途径。港口运用人工智能可针对大型港机设备进行信号传感、布设、数据采集、联网传输和监测等，预测港机设备可能出现的问题，并对此作出反应，以减少和避免港口作业中断、安全事故的发生。

（6）其他方面

人工智能还能在缓解港口交通压力、改善港口航行安全等方面发挥作用。例如，新加坡海事及港务管理局和 IBM 公司共同研发的智能交通管制项目"SAFER"，利用人工智能、大数据分析等对船舶集中区域的通航密度进行预测，帮助工作人员提前预判并确保港口水域安全；利用先进的机器学习对加油过程中的违规操作进行自动监控和报告等。

# 第二篇

## 路 径 篇

第3章

# 港口物联网的建设

港口的智能化建设和信息化建设是增强港口核心竞争力的重要手段，也是降低物流成本、提高物流管理效率的关键。随着物联网技术和物流信息技术的飞速发展，基于物联网技术而建设的港口应运而生。

# 3.1　港口物联网

## 3.1.1　港口物联网的概念及建设意义

物联网（Internet of Things，IoT）是在互联网基础上的延伸和扩展的网络，将各种信息传感设备与互联网结合起来而形成的一个巨大网络，实现在任何时间、任何地点，人、机、物的互联互通。

目前，港口物联网还没有标准的定义，结合物联网的概念和港口的概念，本章介绍的港口物联网是物联网的一个分支，使用射频识别、红外传感等各类传感器与 GPS、GIS、视频智能监控等信息技术，采集港口物流作业信息，并为港口的日常管理部门和港口航运企业提供各类监管信息和生产信息。

港口物联网的建设意义在于：能为职能部门规划、管理与控制物流行业提供辅助决策依据。提供各种远程管理、信息交流的手段及个性化服务，不仅提升了码头的管理水平，还为推进物流供应链管理，降低管理运营成本，及企业向规模化、集约化的发展提供全方位的技术支撑。

相关知识

## 物联网技术在港口应用的成就

### 一、物联网技术在各港口的应用

上海港率先实施了基于RFID港口间集装箱航运物流跟踪项目，使物联网在港口应用中落地。

宁波港借力信息化打造智慧港口，建立综合管理信息系统等五大体系框架，使宁波港集团信息化水平处于国内沿海港口的领先地位。

天津港通过应用基于RFID技术改造集装箱陆运系统，提高10%的作业效率，车辆通过卡口的时间缩短一半，实现集装箱数据的自动采集。

重庆寸滩港率先在内陆保税区应用了集装箱电子标签。

很多港口园区企业借助物联网技术，优化港口园区仓储作业流程，实现货物的智能化识别、货物现场入库、车辆及设备的监管，标识并跟踪装卸物资，做到了港口仓储货物的智能化定位、追踪、监控和管理。

**二、物联网技术推动港口实现区港联动**

我国部分港口利用物联网技术，推动港口实现区港联动及港口、物流园区和B型保税中心的一体化运作，使港口具备物流信息港的功能，有力地促进了港口与港口、港口与海关、港口与货主、港口与承运商的联动，大力提升了港口的综合竞争能力。

东莞虎门港启动了基于物联网的智慧港口规划项目，依托港区和B型保税中心的优势，升级物联网技术，建设一批港口物联网应用示范工程，并实现港口在生产操作、仓储管理、物流跟踪、海关监管等方面的智能化，使电子监管通道、智能卡口、智能堆场、GPS船只定位、立沙岛石化码头等互相连接，实现海陆统筹、区港联动。

**三、整合资源，提升港口的品牌**

佛山港的佛航物流集团依托"南方物联网示范工程"，积极推动"五位一体"的建设，在打造智慧港口的过程中，极大地提升了企业的软实力。

青岛港将现代物流与电子商务系统相结合，采用了智能化的物联网技术，以实现"打造以青岛为龙头的东北亚国际航运综合枢纽和国际物流中心"的目标。

# 3.1.2　港口物联网的体系及构架

## 3.1.2.1　港口物联网的体系

港口物联网的体系可以分为前端传感层、网络通信层、数据中心层和应用服务层，具体如图3-1所示。

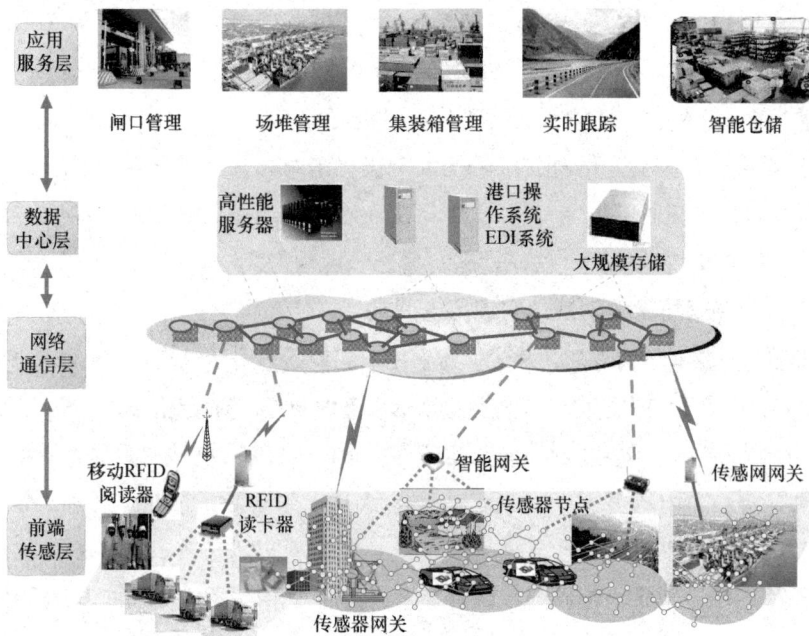

图3-1　港口物联网的体系

（1）前端传感层（用来感知、接收数据的感知层）

前端传感层所涉及的关键技术主要包括 RFID 技术、传感技术和 GPS 技术等。集装箱、货物、相关设备上使用二维条码和识读器、RFID 标签和读写器、摄像头、GPS、传感器、终端设备等来识别、标记物体，从而采集数据信息，实现统计、规划、组织与管理货物等功能。

（2）网络通信层（用来传输数据的网络层）

网络通信层主要实现前端传感层与应用服务层的数据传输和交互。网络通信层将前端传感层获取的信息数据进行集中处理后，再传递给数据中心层。网络通信层所涉及的关键技术主要有 EDI、中间件技术、数据交换技术等。

（3）数据中心层（应用云计算的技术进行数据管理）

数据中心层按照规范的程序和数据标准对数据资源进行标准化处理、交换和管理。数据资源包括基础数据库、业务数据库、统计数据库。业务数据库包括公共信息发布与服务数据库、政务信息发布与服务数据库、航运交易信息发布与服务数据库、资质认证信息服务数据库、信用服务数据库、港口招标数据库、船只定位与追踪数据库、港航企业应用数据库等，统计数据库是在对业务数据库分析、挖掘的基础上，面向管理人员提供决策与咨询服务的专题数据库。

（4）应用服务层（应用于实际生产中的服务操作层面）

应用服务层利用网络通信层传输的实时数据，为口岸监管提供依据，为口岸用户提供特定的信息服务，同时将监管指令传递给网络通信层。应用服务层是港口物联网发展的目的，应用服务层设置的系统功能和信息平台将会为监管单位和口岸用户提供多种物联网应用。应用服务层是物联网与港口工作的深度融合。

应用服务层反映港口物联网的"智慧"所在，通过各个实际应用系统，反馈出智慧港口的多种功能。在应用服务层中，港口领域涉及的主要应用系统包括电子车牌电子驾照识别系统、岸边垂直装卸系统、智能闸口管理系统、智能堆场管理系统、水平运输系统等。

### 3.1.2.2　港口物联网的总体构架

港口物联网的总体构架如图 3-2 所示。根据港区或港口生产企业的不同，我们将口岸分成若干个园区。每个园区由陆路客货运输体系、港口码头作业体系、堆场（园区）仓储作业体系、物流装备系统组成。不同的体系（系统）需要用到不同的技术、设备并记录不同的运输信息。这些体系（系统）包含了港口物流的主要流程和环节，能为口岸监管和企业生产提供细致、全面的信息。

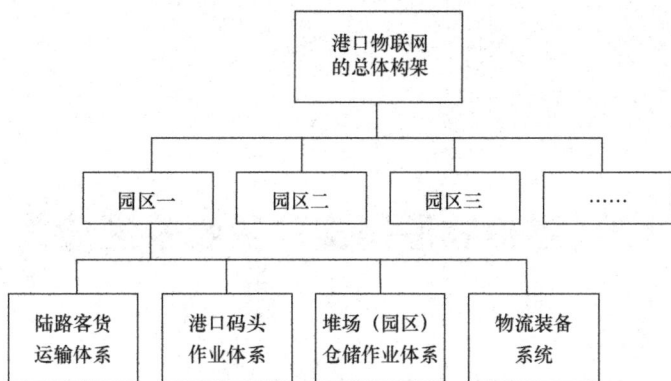

图3-2　港口物联网的总体构架

### 1. 港口码头作业体系

港口码头作业体系包括视频监控、识别传感、GPS+GIS 跟踪、自动分拣等技术，负责收集码头前沿作业的信息。视频监控同时为海关等口岸部门和港口企业提供前沿的生产情况，实现全海关无盲区监管，并可为港口企业中控室的人员提供现场生产情况。识别传感主要识别与货物相关的信息，并反馈给中控室的工作人员和桥吊、集卡的司机。GPS+GIS 跟踪实现动态的货物跟踪，方便货主查询和安排拖车出港。

### 2. 堆场（园区）仓储作业体系

堆场（园区）仓储作业体系包括用视频监控、湿度、热敏、烟感传感、气体传感、定位传感等技术，负责收集港口库场和物流园区仓库的相关信息。视频监控方便货主和库场管理人员了解货物的状态，特别是方便物流企业进行管理。湿度、热敏、烟感传感器的应用主要出于消防的考虑，以保证库场的安全，实现全天候自动检测仓库环境。有些货种对于空气环境要求很高。气体传感器的应用则有助于检测并报告仓库空气的相关指标，辅助物流企业的管理。定位传感器被放在物品内，能报告物品（货箱）所处货架或者堆场的位置，以方便工作人员查找。

### 3. 物流装备系统

物流装备系统包括扭矩传感、视频监控、识别传感等技术，负责收集港区里各类装卸设备的相关信息。扭矩传感器被安装在装卸设备内，方便工作人员了解货物的重量和装卸设备的工作状态，保证生产的安全。视频监控与码头前沿生产体系中的视频监控的作用大致相同。识别传感器的应用主要是方便装卸机械正确识别需要操作的货物，提高生产效率和准确性。

## 3.2　港口物联网实现货物快速通关

港口物联网使用 RFID 技术实现货物快速通关。RFID 下的快速通关模式主要包括了以下几个方面。

## 3.2.1 自动录入和读取货物信息

港口利用物联网技术可实现自动录入和读取货物信息，并向海关的工作人员提供需要的货物信息，如货物的品名、货物的重量和件数及货物的起运地和目的地。工作人员可从后台数据库中调取其余信息，如货主信息、运输工具信息等。自动录入和读取货物信息的 3 个阶段如图 3-3 所示。

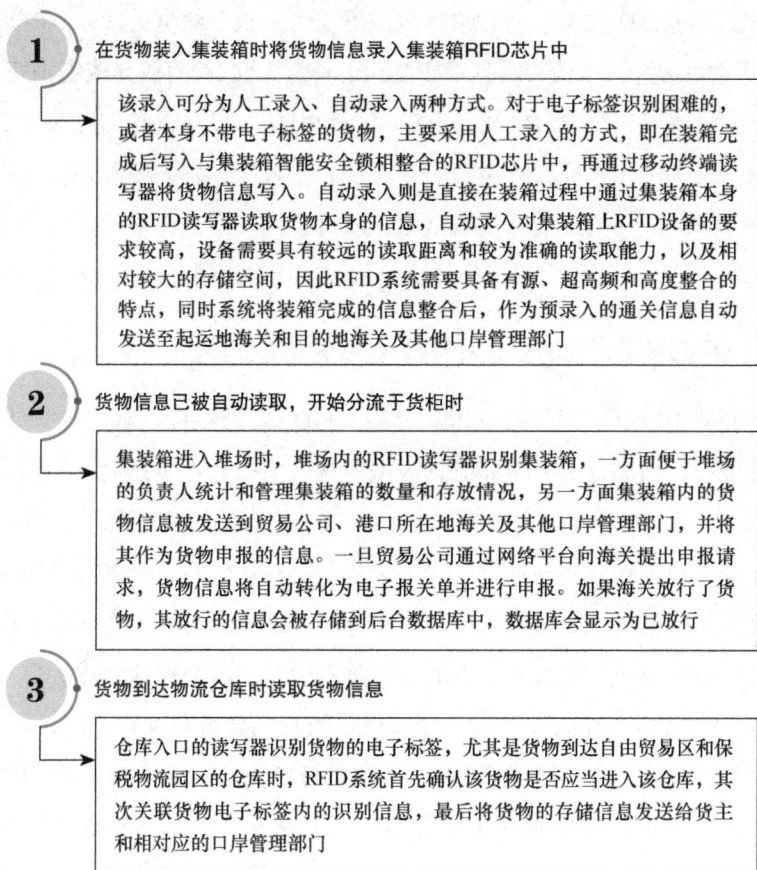

**1** 在货物装入集装箱时将货物信息录入集装箱RFID芯片中

该录入可分为人工录入、自动录入两种方式。对于电子标签识别困难的，或者本身不带电子标签的货物，主要采用人工录入的方式，即在装箱完成后写入与集装箱智能安全锁相整合的RFID芯片中，再通过移动终端读写器将货物信息写入。自动录入则是直接在装箱过程中通过集装箱本身的RFID读写器读取货物本身的信息，自动录入对集装箱上RFID设备的要求较高，设备需要具有较远的读取距离和较为准确的读取能力，以及相对较大的存储空间，因此RFID系统需要具备有源、超高频和高度整合的特点，同时系统将装箱完成的信息整合后，作为预录入的通关信息自动发送至起运地海关和目的地海关及其他口岸管理部门

**2** 货物信息已被自动读取，开始分流于货柜时

集装箱进入堆场时，堆场内的RFID读写器识别集装箱，一方面便于堆场的负责人统计和管理集装箱的数量和存放情况，另一方面集装箱内的货物信息被发送到贸易公司、港口所在地海关及其他口岸管理部门，并将其作为货物申报的信息。一旦贸易公司通过网络平台向海关提出申报请求，货物信息将自动转化为电子报关单并进行申报。如果海关放行了货物，其放行的信息会被存储到后台数据库中，数据库会显示为已放行

**3** 货物到达物流仓库时读取货物信息

仓库入口的读写器识别货物的电子标签，尤其是货物到达自由贸易区和保税物流园区的仓库时，RFID系统首先确认该货物是否应当进入该仓库，其次关联货物电子标签内的识别信息，最后将货物的存储信息发送给货主和相对应的口岸管理部门

图3-3 自动录入和读取货物信息的3个阶段

## 3.2.2 智能监管和追踪货物

海关监管中对于货物的监管体现为货物是否出现在合适的地点，是否出现在

合适的时间。所以海关监管的重点在于货物的时间、属性、载体和地点。

近年来，海关监管环境趋于复杂化，货物种类越来越繁多，不断衍生监管场地。转关运输、区域一体化报关等多样化的贸易方式和保税园区、自由贸易区等海关特殊监管场所的出现让海关对货物的监管和控制提出了更高的要求。RFID 技术的出现大大简化了海关智能监管方式。

### 3.2.2.1　自动规避货物的不当处理

海关运用 RFID 技术可将货物标识数据与后台指令数据关联，同时设置警报触发，当货物每经过一个读写器时都要被验证其合法性。针对放弃或者销毁的货物，海关工作人员可以利用 RFID 技术在储存和销毁场所自动核对货物的数量、重量以及货物的真实性，保证后续操作的合法性、一致性。货物接触人员的信息要一并与货物标识关联并备案到后台数据库，以此查询货物是否整合显现。此方法可以减少人工登记、人工备案的工作量，使货物实现快速通关。

### 3.2.2.2　RFID技术可加强海关特殊监管区域的管理

海关特殊监管区域通过物理卡口上的 RFID 读写器可以识别货物标识，后台数据库将该标识添加进海关特殊监管区域的状态值里，将货物信息和海关特殊监管区的信息关联。此状态值下的货物在进入特定的保税仓库或物流仓库中时会再次被仓库读写器识别，并添加进某仓库某货架的标识信息，同时与仓库信息和相应仓储公司的信息进行关联。当货物解除保税状态离开特殊监管区时，海关及其他相关口岸的管理部门在信息系统中下达核销指令，取消特殊监管标识，货物即可从物理卡口离开特殊监管区域。比较可行的方式是将货物和仓库读写器连接，当系统中的特殊监管标识被核销时，仓库系统将信号传递给核销货物所处的货架，如货架货位标志灯的颜色变为绿色。当非正常货物通过物理卡口离开监管区时，卡口不予放行并将警报信息反馈到特殊监管区的管理部门。这样能使特殊监管区的物理边界长时间处于开放状态，只有在触发警报时才放下，从而改变现有特殊监管区人工审核效率较低的情况，在保证监管强度的同时，缓解监管区外货运车辆的堵塞和排队现象。

### 3.2.3 实现通关信息的智能调取

货物从生产到运输过程中会产生大量的信息，但这些信息绝大部分不是通关所必须的，因此在实际操作中需要智能调取通关信息。智能调取主要由调取主体、货物状态和数据库情况决定。通关过程中，调取主体一般设为数据中心、海关和云端数据空间，系统识别数据调用者为海关时，自动访问海关所需要的数据。货物状态被记载在 RFID 芯片中的货物标识。通过 RFID 技术，系统自动生成海关报关单，企业只需要决定是否对货物进行报关，这一操作在任意连接网络且具有权限的设备终端上都可进行，海关通关人员无须在窗口作业，只要审核业务操作即可，大量的咨询等影响通关效率的情况将移交海关咨询平台进行统一处理，这样可以提高企业的进出口效率和海关通关效率。

### 3.2.4 建设智能闸口系统项目，加快集装箱车辆在港区闸口的通行速度

智能闸口系统通过远距离 RFID 定向技术自动识别车辆信息，实现车辆作业状态信息自动无线上发和由闸口管理软件生成的车辆行车指南信息自动无线下发，从而提高工作效率，加快集装箱车辆在港区闸口的通行速度，并增加集装箱在港口的吞吐量。

他山之石

**某港口物联网信息平台的建设方案**

**一、建设的总体框架**

港口物联网信息平台的总体架构如图 3-4 所示。

**图3-4 港口物联网信息平台的总体架构**

## 二、建设的主要内容

### 1.港口智能集疏运协同平台

（1）建设目标

① 港口信息服务从港区内延伸到客户订舱；

② 集装箱设备交接单信息全程实时采集，无纸化办公；

③ 与码头操作系统对接，提供预约服务；

④ 集卡智能调度，实现车货匹配；

⑤ 闸口智慧化管理；

⑥ 移动端应用；

⑦ 涵盖内外贸集装箱、散杂货。

（2）平台架构

港口智能集疏运协同平台的框架如图3-5所示。

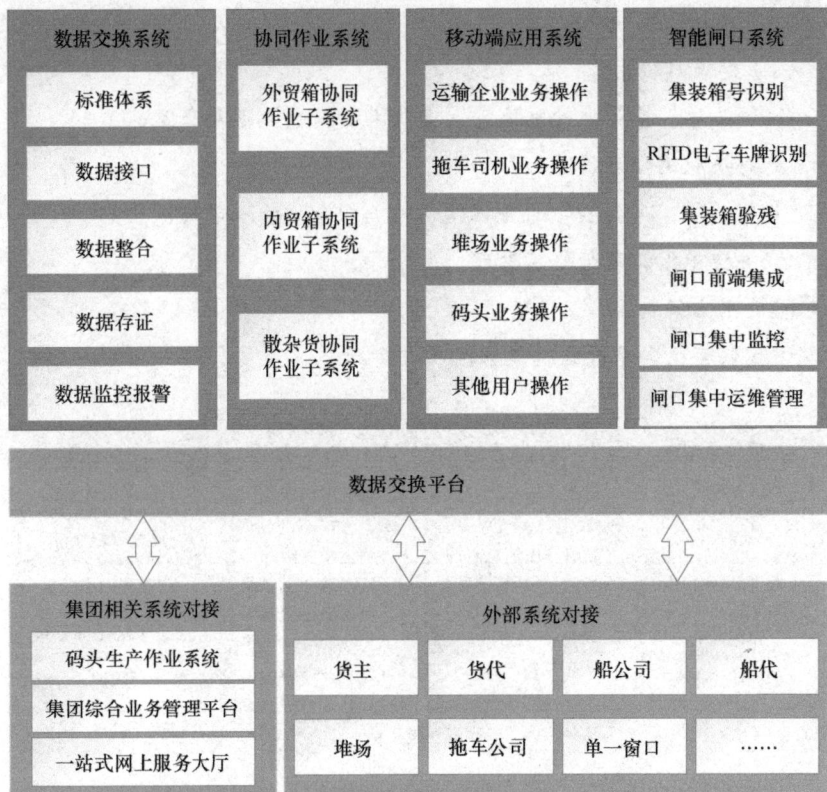

图3-5 港口智能集疏运协同平台的框架

## 案例：出口箱操作流程

某港口智能集疏动协同平台的架构如图 3-6 所示。

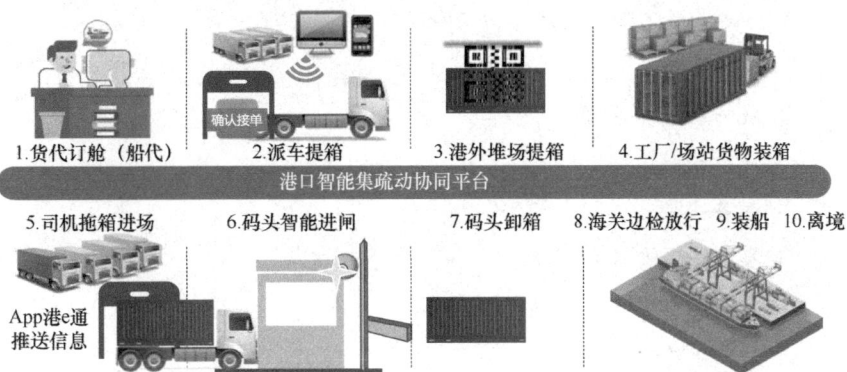

图3-6 某港口智能集疏动协同平台的架构

2. 多式联运服务平台

（1）建设目标

① 闽、粤、赣等地的陆地港、支线港的信息共享与交互；

② 海铁联运信息跟踪；

③ 箱、货、车、船等的全程信息服务，全程物流跟踪；

④ 关检申报、放行信息管理。

（2）平台架构

多式联运服务平台的框架如图3-7所示。

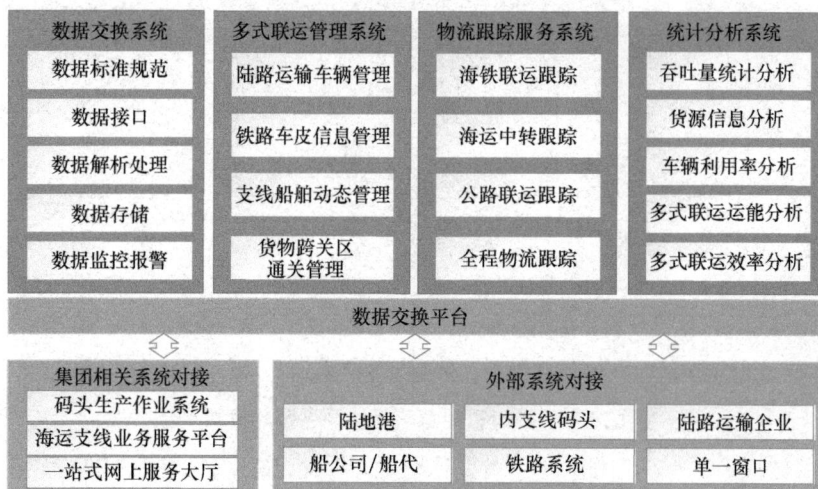

| 数据交换系统 | 多式联运管理系统 | 物流跟踪服务系统 | 统计分析系统 |
|---|---|---|---|
| 数据标准规范 | 陆路运输车辆管理 | 海铁联运跟踪 | 吞吐量统计分析 |
| 数据接口 | 铁路车皮信息管理 | 海运中转跟踪 | 货源信息分析 |
| 数据解析处理 | 支线船舶动态管理 | 公路联运跟踪 | 车辆利用率分析 |
| 数据存储 | 货物跨关区通关管理 | 全程物流跟踪 | 多式联运运能分析 |
| 数据监控报警 | | | 多式联运效率分析 |

数据交换平台

| 集团相关系统对接 | 外部系统对接 | | |
|---|---|---|---|
| 码头生产作业系统 | 陆地港 | 内支线码头 | 陆路运输企业 |
| 海运支线业务服务平台 | 船公司/船代 | 铁路系统 | 单一窗口 |
| 一站式网上服务大厅 | | | |

图3-7　多式联运服务平台的框架

3. 一站式网上服务大厅

（1）建设目标

① 统一的业务受理；

② 网上金融服务；

③ 业务咨询；

④ 公共信息查询；

⑤ 危险品货物申报、追踪。

（2）平台架构

一站式网上服务大厅的框架如图3-8所示。

| 公共信息服务 | 业务办理与服务 | | 业务创新应用 | 移动端服务 |
|---|---|---|---|---|
| 箱信息查询 | 危险货物业务办理 | 超限箱与特货业务办理 | 信用信息服务 | 公共信息查询 |
| 船期预报查询 | 进港证办理 | 拖车车头及车架称重采集办理 | | 危险货物预申报 |
| 进场/截单时间查询 | 理赔业务办理 | 预配信息办理 | | 危险货物进场预约 |
| 运抵报告查询 | 疫区柜(重箱卫生处理) | 空箱分配 | 物流供应链金融服务 | |
| 放行信息查询 | | | | 危险货物状态查询 |
| 可提箱查询 | 费用集中结算 | 电子签约服务 | | |

数据交换平台

| 集团相关系统对接 | | 外部系统对接 | | |
|---|---|---|---|---|
| 码头生产作业系统 | 港区智能集疏运协同平台 | 船公司 | 船代 | 堆场 |
| 安全管理系统 | 多式联运服务平台 | 拖车公司 | 单一窗口 | 港口管理局 |

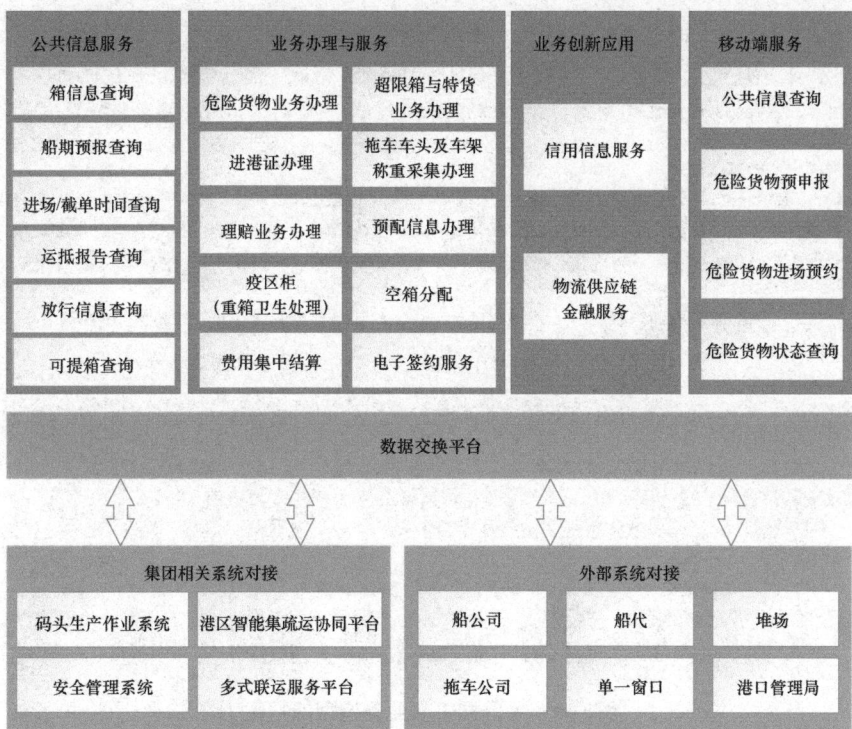

**图3-8 一站式网上服务大厅的框架**

4.大数据中心

（1）建设目标

① 以数据集中和共享为途径，推动业务融合、数据融合和技术融合；

② 对接国际贸易单一窗口，实现口岸通关数据与港口物流数据的实时共享；

③ 对接相关港口行政管理部门的数据，及时上报重点物资运输等信息，推进跨部门间的信息开放与共享。

（2）平台架构

大数据中心业务模型的框架如图 3-9 所示。

5.项目信息化配套工程

（1）建设内容

项目信息化配套工程的建设内容包括主机及存储系统、网络系统、终端系统、信息安全系统和机房建设等。

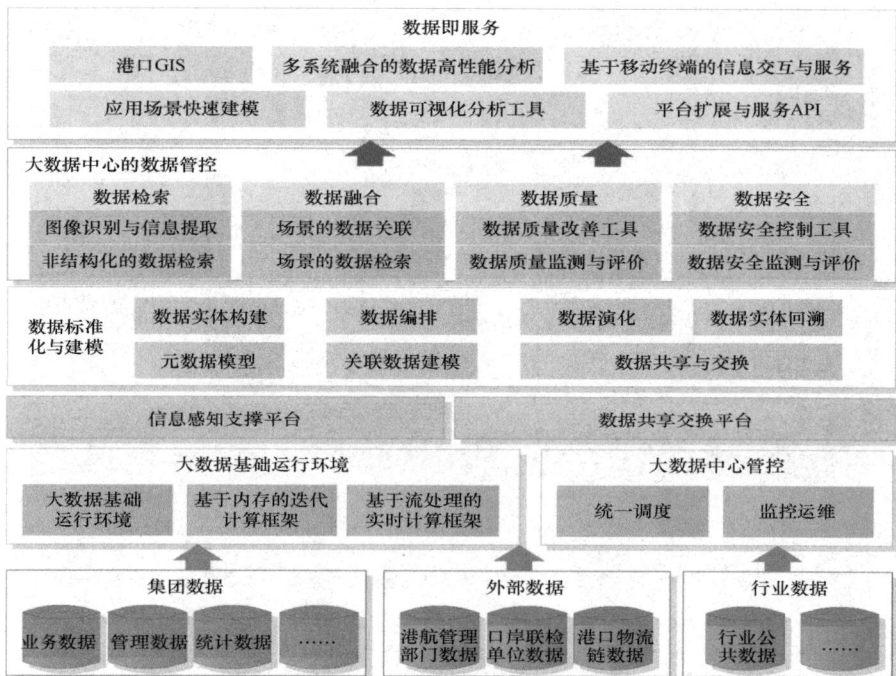

图3-9 大数据中心业务模型的框架

（2）项目信息化配套工程的架构

图3-10为互为灾备的双中心机房网络连接示意。

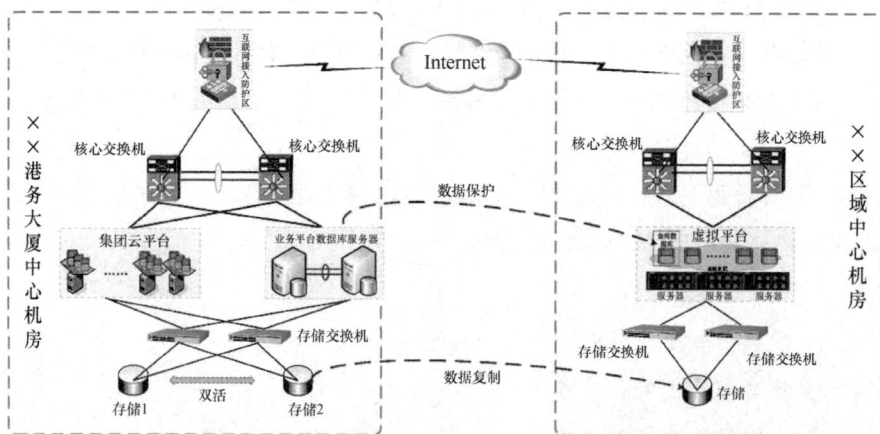

图3-10 互为灾备的双中心机房网络连接示意

集团云平台的网络架构如图 3-11 所示。

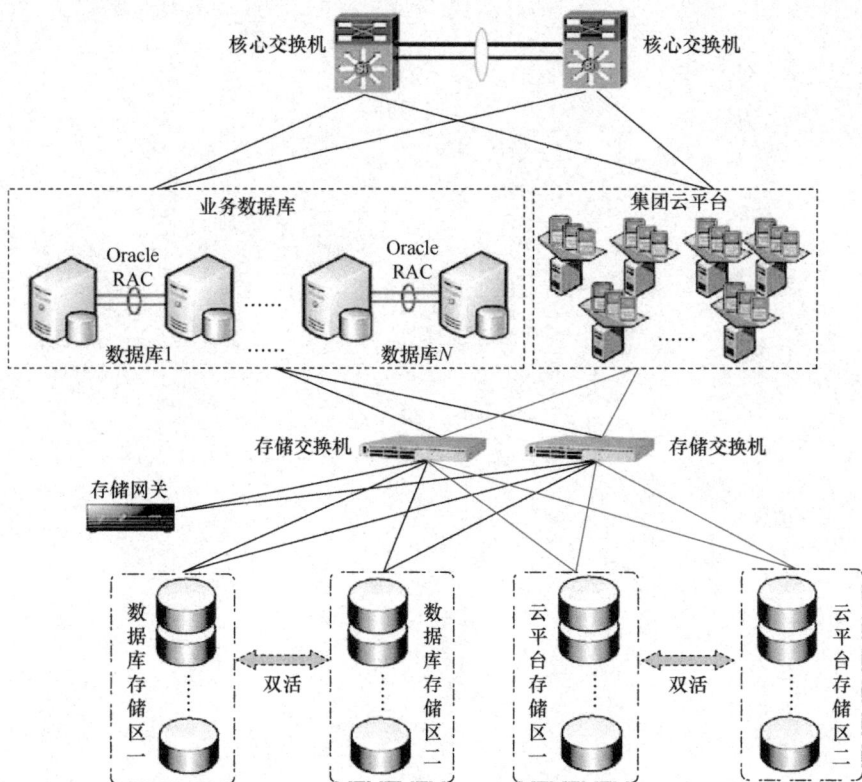

图3-11 集团云平台的网络架构

# 第4章

# 智慧港口大数据体系的建设

随着港口信息化水平的不断提高，国内外众多港口正在尝试将大数据、云计算、物联网、地理信息系统、计算机仿真等相关信息技术应用到港口生产中，数据应用的重心将从传统的数据收集管理转向深度数据挖掘。以数据资源为核心，港口打造信息枢纽，提供多层次、多元化的便捷而又精细的服务，实现信息服务产业化，优化港口各环节作业，深化与客户的关系，提高港口企业的生产效率，为港口企业的负责人进行决策提供参考依据。

# 4.1 港口大数据体系的建设意义与思路

## 4.1.1 港口大数据体系的建设意义

港口大数据体系的建设能更好地服务客户、内部企业。港口作为全贸易与物流供应链上的重要节点，沉淀了海量的数据资源，拥有明显的数据资源优势。随着大数据技术的创新和解决方案的完善，港口企业将港口实际生产过程中的数据进行存储、分类、加工，再借助数据挖掘技术，优化港口作业各环节，深化与客户的关系，进一步提升企业的业绩。大数据技术应用于港口领域能提高港口企业的生产效率，为港口企业的负责人提供决策的参考依据。

## 4.1.2 港口大数据体系的建设思路

港口大数据体系的建设思路如下：

① 港口在初期准备阶段可以夯实港口的数据基础，打通数据信息"孤岛"，做好数据分类管理；

② 港口要尽量收集港口内部能收集到的数据，并基于数据的集成、整合构建港口独有的大数据资源池，同时可以跨界引入其他领域的数据，如高速公路、垂直产业等，不断塑造港口在数据领域独特的竞争优势；

③ 针对现有的港口管理和发展需求，承担数据挖掘、分析与支持的工作；

④ 基于完整的大数据资源池，向港口的客户提供部分创新型数据服务，提升客户价值，为港口带来新的效益。

# 4.2 国内外港口大数据体系的应用现状

我们在此重点汇总了包括新加坡港、鹿特丹港、上海港、宁波港等7个国内外港口大数据体系的应用现状。

## 4.2.1 国外港口大数据体系的应用现状

### 1. 新加坡港大数据体系的应用现状

新加坡港的信息化程度很高，信息系统涉及整个港口运作的方方面面，从系统功能上可以分为五大部分六大系统。新加坡港在此基础上提出大数据治港的概念，开展基于大数据的基础建设、生产管理、客户服务、市场预测、应用创新等服务。

### 2. 鹿特丹港大数据体系的应用现状

鹿特丹港的港区系统庞大而复杂，物流信息系统较为烦琐。该港联合了荷兰的几个港口和运输公司共同开发了以港口为中心的国际运输信息系统（International Transport Information System，INTIS），并整合庞大的港口信息数据系统；其次，组织物流环节中的船主、货主、船代、货代、海事、船检、商检及陆上运输企业、海关等加入系统中，协调相互间的业务关系，以提高物流效率，降低成本；最后，通过因特网的开放环境面向多类用户，编制便利的软件实现信息的自动化处理，达到船方、货方、代理方、港方以及海关、税务、银行等多方资源的共享和高效运作。通过使用INTIS，港口极大地提高了运作效率和运输管理效率，进一步增强了港口的竞争力。

## 4.2.2　国内港口大数据体系的应用现状

**1. 上海港大数据体系的应用现状**

上海港正在推进集团数据中心的建设，加大信息化、精益化、系统化建设的力度，建立跨平台的大数据云分析平台，完善分析决策功能，实现从传统的数据线下收集、线下分析，到数据线上自动即时流通和共享的转变，为企业的负责人进行决策提供参考数据和信息。

**2. 宁波港大数据体系的应用现状**

宁波港正在整合内外部码头、无水港、物流增值服务等相关资源，实现各个业务平台融合的港口物流一体化平台。此外，宁波航运交易所首次推出"悦龙智航"管理服务平台，通过信息交互融合和商业智能大数据应用，为政府、相关企业提供数据分析、挖掘、统计和指数等高端服务。

**3. 天津港大数据体系的应用现状**

天津港已建成天津港综合物流信息平台、天津港陆运电子交易平台和天津港物资供求信息平台三大平台，并据此构成天津港电子商务服务圈。天津港也在《滨海新区大数据行动方案（2013—2015）》的指导下，发力建设基于大数据的天津港经营分析系统。

**4. 青岛港大数据体系的应用现状**

青岛港完成了全港的信息化普及和使用工作，实现所有系统的数据集成和信息化系统应用的集成，建成了生产管理、船舶资料、财务管理、资产管理、人力资源管理、设备管理、物资管理、工程管理八大主题数据库，全力打造大数据信息中心港。

**5. 营口港大数据体系的应用现状**

营口港正在积极推进港融大数据服务平台的建设，该平台集口岸服务、物流服务、金融、保险服务于一体，兼具 VIP 客户定制与信用评价体系，通过与各类平台的对接，形成了集运销于一体的智能物流平台。物流商、贸易商、供应商、代理商等通过大数据平台，可实现从传统的经营方式向路径最优、成本最低、效率最高、利润最大化的智能管理方式转变。

## 第5章

# 港口物流信息化的建设

　　港口物流是我国港口发展的战略方向与重点领域。当前，以云计算、大数据、物联网、移动互联、智能感知为代表的新一代信息技术日益影响着港口生产、经营、管理与服务的方方面面，技术变革的巨大影响正日益显现。在新一轮的科技变革中，借助现代信息技术，打造智慧物流服务体系，构建开放共享、互联互通、高度数据化和智能化的生态圈，成为港口寻求差异化的竞争优势和提升综合软实力的重要举措。

　　港口物流信息化的开发及建设水平已经成为当前和今后较长一段时期内港口发展水平的标志。

# 5.1 港口物流

## 5.1.1 港口物流的概念

### 5.1.1.1 港口物流概念的界定

港口作为物流中心的节点可提供多功能服务。港口的物流活动是指以港口仓储服务为主要表现形式，整合了仓储、内陆运输、货运代理、拆装箱、装卸搬运、包装、加工以及信息处理等功能的服务。

传统港口的物流主要是提供装卸、仓储、转运服务。随着现代物流的发展，港口的物流内涵和外延都在发生深刻的变化。现代港口的物流是指以建立货运中心、配送中心、物流信息中心和商品交易中心为目的，将运输、仓储、代理、包装加工、配送、信息处理等物流环节有机结合，形成完整的供应链，为用户提供多功能、一体化的综合物流服务。

### 5.1.1.2 港口物流的基本要素

港口的物流活动一般具备流体、载体和流向 3 个基本要素。

流体是指经过港口的货物。港口物流的目的是实现货物从提供者向接受者的流动，在实现这一流动的过程中，有一部分货物需要存储在港口的库场中，这是实现有效流动的前提，但是所有经过港口的货物都要经历装卸、搬运等过程来实现空间的移动。因此，港内的货物处于不断流动的状态。我们根据流体的自然属性和社会属性，计算流体的价值系数，即每立方米的货物价值。该系数可以反映货物的贵重程度，有重要的参考价值。

载体是指流体借以流动的设施与设备。载体分成两类，一类是指基础设施，如航道、码头、港内道路、港池等；另一类是指直接载运流体的设备，如装卸设备、搬运设备等。港口的物流基础设施的状况直接决定港口物流的质量、效率和效益。

流向是指港内流体从起点到终点的流动方向，物流的流向包括以下4种。

① 自然流向：由货物不同的进出口所决定，货物根据合理线路的安排在港内搬运、装卸的物流方向。

② 指定流向：港口管理机构为了各港区日任务的平衡，人为地指定港内货物的流向。

③ 市场流向：根据货主或承运人的意图确定货物在港口内的流向，例如货主指定货物在某泊位上装卸。

④ 实际流向：货物在港内实际发生的流向。

## 5.1.2 港口物流的基本特征

港口物流这一特殊的物流形式在港口的作用下形成了与一般物流不同的特征。

### 5.1.2.1 港口物流与腹地经济发展状况密切相关

港口物流是一种综合性的物流，不仅依赖本国的经济发展，更是与腹地经济的发展密切相关。腹地经济国内生产总值总量、对外贸易的发展状况、该地区的人口密度都直接影响港口物流的吞吐量。另外，腹地的交通运输体系也是影响港口物流的另一重要因素。世界上大多数城市都十分重视港口的发展，并制订以港兴市的发展战略，鼓励和扶持港口的发展。目前，港口物流已经成为推动港口城市及其腹地发展的重要力量。

### 5.1.2.2 港口物流易受到国家政策和国际环境的影响

港口物流除了一般意义上的物流服务，还会包括关检、海上救助和海事法庭等特殊职能。每个国家的对外经济贸易政策和国际政策在很大程度上影响港口的物流发展水平。此外，港口经济同周边国家有着不可分割的关系，周边国家的经济发展水平、经济体制、开放程度和外交政策等一系列因素都会影响港口物流的规模。

### 5.1.2.3　港口物流具有整合效应

港口物流通过仓储、运输、配送、包装、装卸、流通、加工等各种服务把运输企业、仓储企业等联系在一起，通过对港口物流的规划与作业，形成高度整合的供应链通道关系，进一步降低物流成本，提高物流效率，为客户提供更为满意的服务。港口物流不仅实现了企业内部的整合，而且为与陆域、航空物流的全方位合作创造了条件。

### 5.1.2.4　港口物流具有集散效应

港口作为国际运输体系的节点，因国际货物的装卸和转运产生了装卸公司、船运公司和陆地运输公司；又因船舶的停靠产生了船舶燃料给养供应商、船舶修理公司和海运保险公司；在货主和船公司之间还形成了承运人、货物代理和报关保税代理等中介公司。此外，港口物流的发展会给城市带来大量的资金流、人流和信息流，为形成区域性的金融中心以及旅游业、信息产业的发展创造了必不可少的条件。

## 5.1.3　港口物流的基本功能

在港口与物流两种力量的作用下，港口的物流功能得到了不断的完善与深化。

### 5.1.3.1　综合物流服务功能

现代港口的功能越来越全面，不仅能提供基本的转运、存储、装卸、包装、流通、加工、配送和信息处理等全方位的综合物流服务，而且服务功能越来越全面和柔性化。特别是在服务经济的理念深入人心后，厂商们将面对越来越普遍的个性化需求。这种生产和消费的个性化必然导致物流服务需求的个性化。因此，港口的物流中心需要建立全面的服务设施，提供综合性的物流服务，以便在提供大众化服务的同时，满足个性化的需求。

### 5.1.3.2　信息处理功能

信息处理功能主要包括物流信息处理、贸易信息处理、金融信息处理和政务信息处理等。高效及时的信息处理技术和管理手段是构建现代物流的基础。我国传统的物流由于信息不充分、商流与信息流分离等导致港口运作成本居高不下，造成资源浪费。以港口为依托的现代物流使商流、物流、信息流在信息系统的支持下实现互动，可及时准确地提供物流服务。这样，不仅有利于港口物流中心的内部运作和管理，还为一些无能力建设信息系统的中小企业提供帮助。

### 5.1.3.3　完善的商贸服务和保税功能

首先，港口物流中心是商流、物流、信息流的结合，因此必须具备与商流、物流关系密切的金融、保险服务功能。其次，港口物流中心应能为客户提供诸如产品本地化、更换符合国内要求的包装、加贴中文标签等一系列的增值服务。这些功能既可以有效降低运输成本，也可以减少装卸和运输过程中的包装损坏，还可以保证上市商品的完整性和合格度。再次，港口物流中心的保税区功能可以满足不同贸易方式的需求，设立的海关、检验检疫等监督机构，也可以为客户提供较为方便完善的通关、通检服务。

# 5.2　港口物流的发展现状

## 5.2.1　我国港口物流的发展现状

我国的港口先后经历了从装卸中心、服务中心到综合物流中心的演变过程。在本质上，港口物流是一个功能的概念，而港口智慧物流则体现了港口物流高端组织模式与运作形态。

2015 年 3 月，国家发展和改革委员会、外交部、商务部联合发布了《推动共建丝绸之路经济带和 21 世纪海上丝绸之路的愿景与行动》，内容涉及要以重点港口为节点，共同建设安全、通畅、高效的运输大通道，加快"一带一路"的建设步伐，从而加强沿线各国之间的经济合作，实现优势互补，促进经济的共同繁荣和世界和平的发展。除此以外，港口作为国际物流综合运输的交通枢纽，是交通运输发展的主力军。在当前国际交流环境下，我国港口的发展必然会迎来新的机遇，我国正由"港口大国"向"港口强国"迈进。

### 5.2.1.1 发展优势

（1）港口货物吞吐量保持快速发展的趋势

全国共有 22 个亿吨大港，我国已经成为世界上港口吞吐量和集装箱吞吐量最大的国家，连续 7 年稳居世界首位。

（2）港口建设继续向大型化、专业化的方向发展

我国港口的基础设施的建设日趋完善，大型集装箱码头的自动化程度明显提高，港口码头泊位和先进设备持续增加。

（3）港口物流功能不断延伸

目前，我国已形成了主枢纽港、区域性港口、地方中小港口层次分明的港口格局，港口功能已由传统的装卸、集散货物为主的运输功能逐步扩展到物流仓储、加工、展示、采购和商贸等多方面的功能。

（4）港口物流软环境逐渐完善

《交通运输"十三五"发展规划》对港口物流的发展给出了明确的目标和任务，随着相关的配套政策以及各地政府具体的扶持引导措施陆续出台，港口物流发展的软环境正逐渐趋向完善。

（5）港口发展出现区域性整合

近年来，各地都加大了港口的整合步伐。河北港口集团在原秦皇岛港务集团的基础上组建、统筹开发建设包括秦皇岛、唐山、沧州等在内的全省港口资源，河北港口集团拥有全资和控股、参股投资企业 32 家，涉及港口、铁路、船舶服务、

机械修造、酒店、工程建设等多个领域。

长期以来，广东制造业发达，在珠江口沿岸，分布着广州港、深圳港、珠海港、虎门港等大中型港口，同时还有湛江港、汕头港等小港口。其中，深圳港和广州港被称为"双龙头"。随着长三角、环渤海经济圈和海西经济区的港口群的整合陆续提上日程，珠三角港口大整合也渐行渐近。

同时，内河港口资源整合力度也在加大。湖北省正加快鄂东组合港、荆江组合港、三峡航运转运中心、武汉新港等"四大港口集群"的建设。

（6）加快了"走出去"的发展战略

目前，我国的港口企业正积极拓展港口的物流服务功能，促进海铁联运、江海联运的发展及加快内陆无水港的建设。

### 5.2.1.2　港口物流存在的问题

（1）港口物流的基础设施不够完善

首先，物流的基础设施与技术装备是互相依存的，任何一方的不足都将影响整个物流系统的运作效率。港口的物流园区是企业进行物流运作必需的场所。目前，港口物流的基础设施主要以满足传统运输作业为主，铁路、公路、机场等物流基础设施的整合力度不够，还没有形成快捷、畅通、高效的物流基础设施网络，港口腹地支撑力度不足，特别是集疏运配套设施的建设不能充分适应现代物流发展的需要。物流规模化程度不高，辐射范围小。港口物流与相关的大型物流企业联系不紧密，缺乏长期、紧密的伙伴关系。物流的基础设施与技术装备不适应、不配套、不完善。其次，我国物流企业众多但规模都很小，很难形成规模的经济效应，这就造成了货物的运输费用高、交易成本高，企业的盈利能力有限，无法扩大投资转型升级，也不能有效解决营运成本高的问题，进而导致物流服务功能不健全，影响物流市场的发展。

（2）港口物流的信息化程度不够高

我国虽然经过十几年的发展已经建成了一些智能装载运输系统，但是和发达国家的港口物流相比还是存在很大的差距。我国的港口物流普遍存在信息化投入不够、运输通道以及通信等技术设备不完善、系统的利用效率低、不能适应快速发展的供应链管理的要求、难以满足客户的个性化需求等问题。现代物流体系需要建立完善的物流管理信息平台，还需要现代管理信息系统作为物流的支撑，显然，我国港口物流在这方面还很欠缺。目前我国港口现代物流管理的信息化程度还比较低，主要存在以下 3 个问题：

① 主要的信息技术，如虚拟网络技术、数据传输技术等尚未很好地被应用于现代物流管理系统中；

② 信息资源利用不充分，信息资源的共享机制不完善，管理信息网还未实现全面的互联互通；

③ 我国尚未建立全面的港口现代物流公共信息服务平台，各有关部门存在管理体制问题，物流企业对物流管理信息的重要性也认识不足。

一个港口的现代化发展的程度、发展水平的高低，在很大程度上取决于信息化的管理。因为船舶的设计正在向大型化、巨型化发展，其营运成本很高，接卸港口必须具备全天候进出、快速装卸、通关、集疏储运与配送等于一体的综合能力，而所有这一切都需要现代化的信息技术来支撑。我国提出的信息化远景规划刚刚开始，必将带动一批高新技术产业及相关服务业蓬勃兴起。高新技术产业和现代化基础设施的有机结合是不可逆转的大趋势，而新一代港口恰是这两者的最佳结合点。现代港口不再属于劳动密集型的产业，而是属于资本密集型产业。货物的快速流动、集装箱的多式联运和"门到门"的运输等都对港口信息网络的建设提出了越来越高的要求。因此，港口物流信息化已经成为现代化港口生存和发展的决定性因素。

## 5.2.2　我国港口物流的智能化发展

我国的港口物流智能化是围绕以港口为核心枢纽的全程物流链，综合应用"云、大、物、移、智"等新一代信息技术，实现港口的全面感知、泛在互联、智能融合、深度计算、协同运作，促进港口生态圈中各种物流资源要素和相关方的有机衔接与互动，进而实现物流资源配置的智能化、物流服务的敏捷化、生产组织的柔性化、物流运作的便利化，具体如图 5-1 所示。

| 港口运营的智能化 | ☞ | 充分利用自动化、智能化的机械设备及大数据技术，实现基于数据驱动的智能化运营服务，进一步提升港口的运营效率与供应链服务水平 |
| --- | --- | --- |
| 物流链服务的协同化 | ☞ | 强调延伸和拓展港口物流的服务链，充分应用云计算、大数据、移动互联网、物联网等现代新兴技术，从腹地物流运输出发，加强腹地运输网络的优势，构建互联互通的信息平台，整合和集成港口物流链上下游的资源，为物流链的各方提供更具价值的优质一体化服务，以满足市场多元化、个性化的发展需求 |
| 港口物流圈的生态化 | ☞ | 充分利用港口处于物流链中心的优势，创新发展理念与商业模式，重构港口物流生态体系和业务流程，通过功能的集成与整合，提升增值服务的比例，推动贸易便利化，全面提高港口物流链的效率与可靠性 |

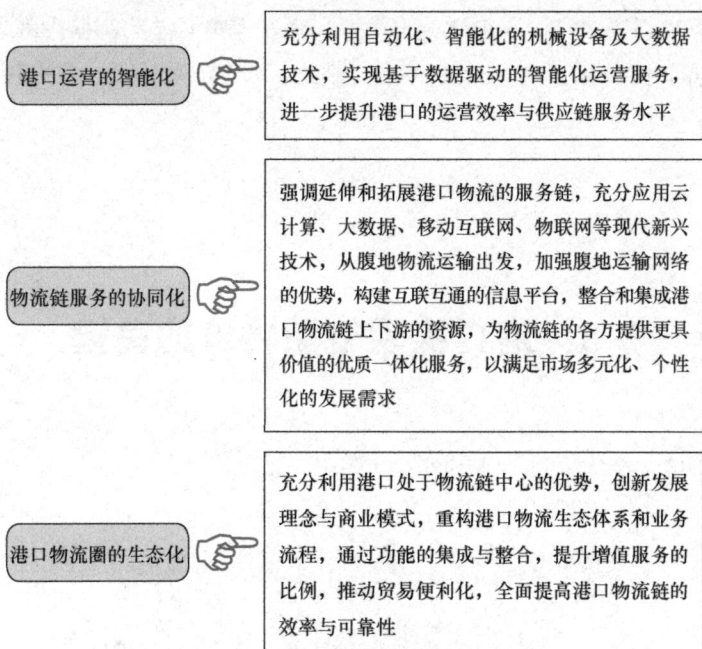

图5-1 我国港口物流智能化的发展

## 5.2.3 国外港口物流智能化的发展概况

20世纪80年代初，英国、新加坡、德国、澳大利亚等国家已建立起以港口社区系统为特色的物流公共信息平台，立足港口服务，对当地的经济发展起到了积极的推动作用。

欧洲的鹿特丹港、汉堡港以及亚洲的新加坡和日本的一些主要港口陆续实现了智能化港口的装卸船数据信息共享、物流链端点到端点的可视化管理、集装箱智能化的管理。随后，全球更多的港口开始发展自身的信息化网络并开展物联网技术的应用。

荷兰、美国分别实施了"W@VE"和"First"物流信息网络建设；中国香港建立了"数据贸易和运输网络"，数据贸易和运输网络成为地区发展物流最重要的手段之一，并融入全球大物流系统中。

许多国家的港口开始向综合服务和整合资源的方向努力，"DaKosy"（德国）、

"FCPS/Destin8"（英国）、"Tradegate（澳大利亚）、Portnet（新加坡）等平台在向智能化发展的同时，开展了内河运输、公路、铁路、港口贸易、代理、多式联运等服务。

# 5.3　港口实现智慧物流的关键

港口实现智慧物流的关键如图 5-2 所示。

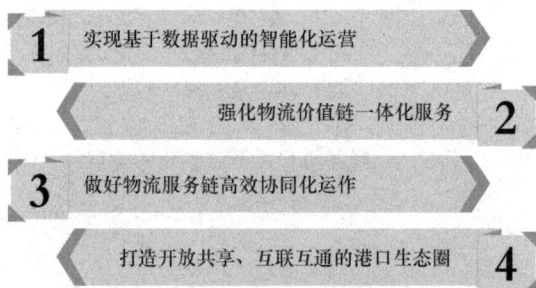

图5-2　港口实现智慧物流的关键

## 5.3.1　实现基于数据驱动的智能化运营

实现基于数据驱动的智能化运营服务，全面提升港口的运营效率与供应链服务水平，是港口智慧物流的核心与灵魂。港口运营智能化的关键在于深度感知应用和数据创新的服务。

### 5.3.1.1　夯实感知网络与传输网络

港口要结合物流的业务流程，配置现代信息技术应用与感知基础设施，建立港口深度感知体系，实现港口物流要素信息的自动采集与智能感知。港口通过各类智能传感器、射频识别、定位系统、船舶自动识别系统（Automatic Identification System，AIS）和各类手持智能终端等技术手段，实时、动态、自动收集数据与智能识别港口物流链全程的动态，以方便工作人员准确掌握货物、船舶、码头、车辆、铁路、口岸监管、堆场等信息与动态。

### 5.3.1.2 完善港口物流基础设施

港口通过自动化码头、现代化堆场和物流服务基地等物流基础设施的建设，结合智能感知、物联网、互联网、大数据等技术手段，进一步优化和提升港口的生产力，实现设备操作的自动化、调度的智能化和信息数据的可视化。港口通过标准化的流程，降低人工强度，提高港口物流作业的效率和准确率，从而进一步提升物流服务的质量。

### 5.3.1.3 推动港口物流链全程信息化的管理

港口进一步完善信息化管理体系的建设，实现信息化运营、精益化管理和系统化管控。港口通过信息平台化解物流链的"信息孤岛"，改善信息不透明的状况，避免形成物流环节的瓶颈。如建立港口社区系统，打通港口物流上下游环节的数据流，汇聚各物流参与方的业务需求，优化港口物流业务流程，为客户提供高效的一体化服务。

### 5.3.1.4 实现数据服务创新

港口在生产业务中积累了大量的数据，包括码头生产、集卡调度、货物种类、货物流向、物流路径等。通过大数据技术的应用，港口充分挖掘数据背后所隐藏的潜在价值，通过大数据产品赋能物流的各个环节，探索与扩大应用服务场景，促进商业模式与业态创新，进一步提升港口物流价值链的整体效率、服务质量及客户体验。

## 5.3.2 强化物流价值链一体化服务

高效的物流价值链一体化服务是港口智慧物流的重要标志与外在体现。为提高港口物流价值链的整体效率和服务质量，实现港口物流价值链一体化服务，我们需重视以下 3 个方面的内容。

### 5.3.2.1 "可达"

港口实现港口物流价值链一体化需要建立便捷、安全、低成本的集疏运体系，突破传统的"货物装卸"封闭运作模式；加强与全程物流链上下游相关方的协作，优化内陆多式联运运输网络，构建全程物流链服务体系，为港口物流链上下游客户提供多方协作及业务运营平台；打通物流运输的海陆节点，实现业务协同与高效衔接，为客户提供更具价值的优质服务。

### 5.3.2.2 "效率"

港口实现港口物流价值链一体化需要围绕港口物流价值链拓展业务范围，强化对物流链资源的整合与集成能力；充分利用港口身处供应链中心的优势，通过对各方面信息的收集、分析和整合，为客户提供一站式物流解决方案和物流服务，以满足物流市场对港口差异化服务的需求；充分应用云计算、大数据、移动互联网、物联网等现代新兴技术，通过便捷、透明、统一的信息平台，强化物流链资源的整合与集成能力，实现港口与船公司、铁路、公路、货代、仓储等相关物流企业的无缝连接，提高物流服务效率；实现港口与海关、海事、检验检疫等口岸联检单位的信息一体化，提高港口通关效率和服务水平。

### 5.3.2.3 "增值"

港口实现港口物流价值链一体化需要强化物流价值链服务，将客户需求置于首位，创新和延伸物流服务；整合物流信息资源，拓展并增强物流交易服务的功能，提供金融、保险、信用等衍生服务；借助云计算、大数据、移动互联网等手段识别业务机会与风险，帮助港口企业改进服务质量；基于港口大数据平台，展开相关的物流服务创新；运用大数据技术为用户提供增值服务，提升用户服务体验，如拼箱服务中心、空箱调运、拖车运输交易、订舱交易等创新服务，以满足市场多元化、差异化的服务需求。

事实上，围绕港口物流价值链积极探寻业务变革与服务创新，强化对物流链资源的整合与集成能力，打造港口智慧物流服务体系，以满足物流市场对港口差异化服务的需求，这些都是各大港口不断努力的方向与选择。

### 5.3.3　做好物流服务链高效协同化运作

跨行业、跨部门、跨区域的高效协同化运作组织是港口智慧物流的关键所在。在广度上，高效协同化需将更多的相关方纳入物流的价值链条，加强港口物流上下游资源的整合，拓展港口物流市场交易、金融、保险等配套服务功能；充分利用云计算、移动互联网、物联网、电子数据交换（Electronic data interchange，EDI）等技术，实现港口与船公司、铁路、公路、场站、货代、仓储等港口相关物流服务企业的无缝连接，实现港口与海关、海事、商检等口岸单位的信息一体化。在深度上，高效协同化是指围绕港口物流服务链，对码头、船舶、船东、货主、代理、商贸企业、监管等物流链全要素、全过程进行集成化管理，从整合与集成中拓展和延伸服务，实现整体效率与效益的平衡。

具体而言，物流服务链高效协同化运作需重点做好图5-3所示的3个层面。

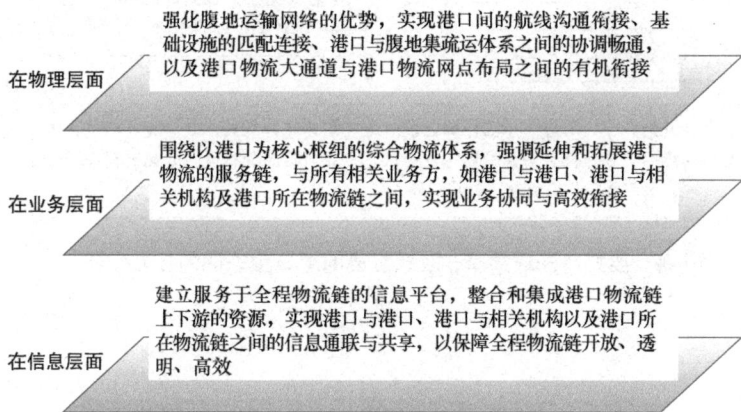

在物理层面：强化腹地运输网络的优势，实现港口间的航线沟通衔接、基础设施的匹配连接、港口与腹地集疏运体系之间的协调畅通，以及港口物流大通道与港口物流网点布局之间的有机衔接

在业务层面：围绕以港口为核心枢纽的综合物流体系，强调延伸和拓展港口物流的服务链，与所有相关业务方，如港口与港口、港口与相关机构及港口所在物流链之间，实现业务协同与高效衔接

在信息层面：建立服务于全程物流链的信息平台，整合和集成港口物流链上下游的资源，实现港口与港口、港口与相关机构以及港口所在物流链之间的信息通联与共享，以保障全程物流链开放、透明、高效

图5-3　物流服务链高效协同化运作的3个层面

### 5.3.4　打造开放共享、互联互通的港口生态圈

打造开放共享、互联互通的港口生态圈是港口智慧物流运作的根本保障。港口的生态圈既涵盖了港口自身的定位与发展，也考虑了港口物流链的整体优化战

略，突出资源的开放与共享以及参与者之间更紧密的协作，最大化地提高资源的利用率。而要打造开放共享、互联互通的港口生态圈，需要各方的配合，具体如图 5-4 所示。

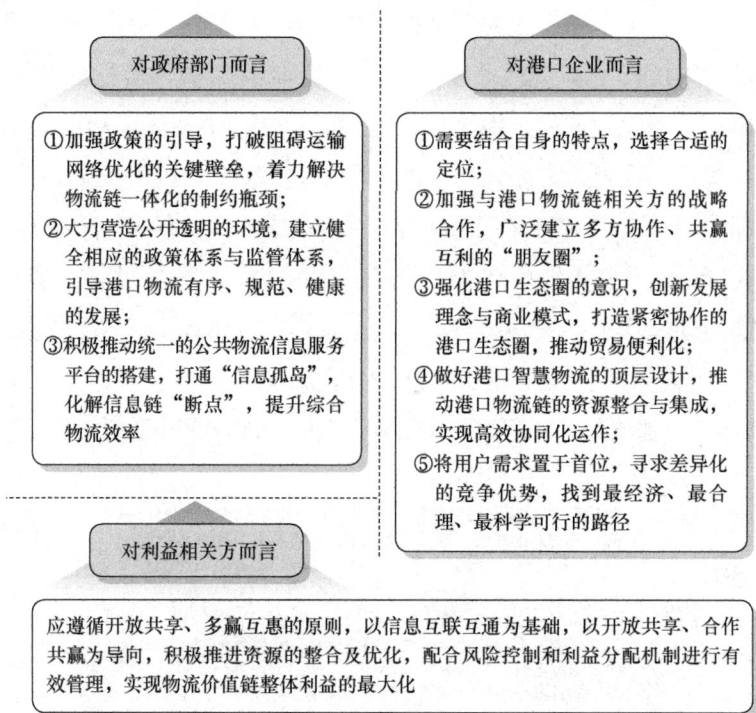

对政府部门而言

①加强政策的引导，打破阻碍运输网络优化的关键壁垒，着力解决物流链一体化的制约瓶颈；
②大力营造公开透明的环境，建立健全相应的政策体系与监管体系，引导港口物流有序、规范、健康的发展；
③积极推动统一的公共物流信息服务平台的搭建，打通"信息孤岛"，化解信息链"断点"，提升综合物流效率

对港口企业而言

①需要结合自身的特点，选择合适的定位；
②加强与港口物流链相关方的战略合作，广泛建立多方协作、共赢互利的"朋友圈"；
③强化港口生态圈的意识，创新发展理念与商业模式，打造紧密协作的港口生态圈，推动贸易便利化；
④做好港口智慧物流的顶层设计，推动港口物流链的资源整合与集成，实现高效协同化运作；
⑤将用户需求置于首位，寻求差异化的竞争优势，找到最经济、最合理、最科学可行的路径

对利益相关方而言

应遵循开放共享、多赢互惠的原则，以信息互联互通为基础，以开放共享、合作共赢为导向，积极推进资源的整合及优化，配合风险控制和利益分配机制进行有效管理，实现物流价值链整体利益的最大化

图5-4　要打造开放共享、互联互通的港口生态圈的各方责任

# 5.4　智慧港口物流信息平台的建设

## 5.4.1　发展智慧港口物流信息平台的重要性

港口聚集了大量的机械设备，拥有复杂的管理流程，同时又面对贸易自由化

的市场环境，一个适合港口自身发展的模式至关重要。港口要将各种感知技术、现代网络技术和人工智能技术与自动化技术集成应用，实时记录货物在运输、仓储中的箱、货、流等信息。

建设智慧港口物流信息平台是智慧港口发展模式的前提。港口领域涉及的主要应用系统包括电子驾照识别系统、岸边垂直装卸系统、智能闸口管理系统、智能堆场管理系统、水平运输系统、智能监控系统等。智慧港口物流信息平台还能集成各个单元的业务信息门户，通过集成供应链各核心环节的关键信息节约人力、物力、财力、时间，解决信息滞后等问题，实现港口供应链上的各种资源和各个参与方之间的无缝链接与协调联动，从而对港口管理运作做出及时响应，形成信息化、智能化、最优化的现代港口。

## 5.4.2 智慧港口物流信息平台用户的需求

### 1. 平台用户的信息需求

信息是连接物流活动各环节的桥梁和纽带，专业化的信息服务则是物流系统高效运转的重要保障。智慧港口物流信息平台作为第三方物流信息服务的主要载体和表现形式，可以实现对物流信息的分类采集、集中处理、适时发布和科学管理等功能，能帮助用户有效获取并管理适用的物流信息，充分发挥信息对物流环节准时性、可靠性、协调性提高的促进作用，实现业务运转的高效化，提高市场竞争力。

平台用户根据行业和业务特性可分为行业管理部门、船运企业、码运企业、陆运企业和个人用户。不同企业有不同的需求，因此，对智慧港口物流信息平台的信息需求也不同。

（1）行业管理部门

港口行业管理部门包括海关、港航局等。海关对外提供的信息主要分为三类，第一大类为海关进出口综合统计资料，包括进出口总值、进出口国统计以及进出口量；第二类为报关单状态数据，包括结关、查验以及放行信息；第三类为加工贸易、保税港区相关物流报关单信息，包括进出仓库、卡口、车次信息以及转运清单信息。

大部分港航局通常建有水路费收征稽系统、船舶营运证管理系统、船员信息管理系统、船舶信息管理系统，并建有门户网站。其门户网站拥有的信息包括新闻资讯、政策法规、行政服务、公示公告、吞吐量统计、航运安全信息、港口码头信息以及企业名录。门户网站可供发布的信息主要为新闻资讯、政策法规、行政服务、公示公告、航运安全信息以及企业名录，其中航运安全信息包括航道、航运以及海事安全信息等，这类信息未在港航局的门户网站上定期发布，仅在汛期时，开辟专栏发布。如果港航局提供一个发布平台公开此类信息，此类信息可形成定期发布制度。

（2）船运企业

船运企业通常拥有运输船舶导航监控系统以及过闸电子申报系统，并建有门户网站。其门户网站拥有的信息包括公示公告、运输信息、产品／服务信息以及新闻资讯，这些信息来源于企业门户网站，工作人员以电子文档的方式采集和发布信息。信息可根据需要按日／周发布。

（3）码头企业

码头企业通常会拥有营运操作系统，主要实现对堆场、集装箱的管理，并建有门户网站。其门户网站拥有的信息包括吞吐量统计、海关查验计划、海关查验结果、进出港船货信息、堆场状况信息以及港口码头信息，其中可供发布的信息为进出港船货信息、堆场状况信息以及港口码头信息。这些信息来源于营运操作系统，门户网站工作人员每天通过 Excel 表格、电子文档、纸质文档采集，并每周公布。这些信息可由工作人员通过平台指定的用户名和密码登录平台后进行发送。

（4）陆运企业

陆运企业往往会拥有自己的物流信息网，物流信息网提供车源信息以及货源信息，可供发布的信息为车辆查询信息以及商户信息目录。信息的收集方式为按日收集，并由系统录入。企业可为发布平台提供数据接口，自动发送信息。

（5）个人用户

个人用户主要是货运私营业主，他们需要通过港口信息平台获得货物和航道的信息。

各类用户的静态和动态信息即平台应用体系中政府监管人员、物流服务需求方、物流企业以及其他用户的物流服务和需求的相关信息，具体包括以下几点。

① 物流服务需求方信息：临港产业企业（包括货代）、各级各地政府采购服务、

社会团体物流服务、个人物流服务等信息，包括物流服务需求方的经营属性、地理位置、生产规模等静态信息;物流服务需求类型、需求量、服务模式要求等动态信息。

② 物流企业（包括港口企业、航运企业、公路货运企业、铁路货运企业、航空货运企业、管道货运企业以及船代）信息：主要有物流企业资源信息和业务服务信息两个方面。

● 物流企业资源信息包括服务类型、服务能力、机构运营规模、运力（车、船等）、堆场容量、仓库容量、装卸设备等静态信息;船期计划、舱位计划、动态运力、堆场或仓库余量、装卸能力等动态信息。

● 业务服务信息：物流企业日常运营中所需要的金融、设备及设施采购或租赁、人力资源、咨询及技术研发等方面的服务需求信息。

表 5-1 为不同目标用户（包括货主、货代、船代、船运公司、港口、箱管、外理、运输公司）对于物流信息的具体需求。

表5-1 不同目标用户的物流信息需求

| 需求用户 | 信息类型 | 主要内容 |
|---|---|---|
| 货主 | 货物信息 | 货物信息、货物分类、联系人、物流路线、订单信息 |
| | 运输服务信息 | 承运路线、业务流程、运力规格、收费标准、联系方式 |
| | 包装服务信息 | 受理范围、业务流程、收费标准、联系方式、地址 |
| | 仓储服务信息 | 受理范围、业务流程、收费标准、联系方式、地址 |
| | 承运船务信息 | 仓储条件、业务流程、收费标准、联系方式、地址 |
| | 客户资料 | 船务资料、航运路线、保险情况、联系方式 |
| 货代 | 物流交易信息 | 企业动态、产品信息、联系人 |
| | 在途信息 | 待运/待储/待包装/待加工货物品种、规格、价格要求 |
| | 委托陆运信息 | 船位置、运行状况、预计到达时间、联络信息、航线信息、港口信息 |
| | 客户资料 | 企业、运输车辆、车主信息、运价、线路 |
| 船代 | 船运报价信息 | 企业动态、产品信息、联系人 |
| | 船运订单 | 船务信息、航线信息、物流信息、运价信息 |
| | 船运计划 | 船务信息、订单、合同条款、日期 |
| | 客户资料 | 船务信息、订舱计划、线路信息、联系人 |

| 需求用户 | 信息类型 | 主要内容 |
|---|---|---|
| 船务公司 | 船运报价信息 | 企业动态、产品信息、联系人 |
| | 船运订单 | 船务信息、航线信息、物流信息、运价信息 |
| | 装箱信息 | 船务信息、订单、合同条款、日期 |
| 港口 | 船运计划 | 货场信息、空箱信息、装货信息、称重信息、 |
| | 理货清单 | 船务信息、订舱计划、线路信息、联系人 |
| | 货运代理信息 | 船务信息、放箱类别、数量、日期、联系人 |
| 运输公司 | 地理信息 | 代理内容、站场位置、规模、配套设施、联系电话 |
| | 查验计划 | 申请单号、货主信息、货物信息、报关申请、日期、物流信息、审核结果 |

**2. 平台用户的功能需求**

平台用户对于智慧港口物流信息平台的功能需求可划分为以下两方面。

（1）对于物流信息的采集与发布需求

平台目标用户希望通过多种手段有效采集、存储、处理和管理各类物流信息，并通过手机（以手机为主）等多种终端接受、查询和发布以上信息。用户希望平台能在移动和固定状态下方便、快速地接受、查询和发布需求的信息。

不同目标用户的具体需求主要包括企业用户信息的查询、货源信息的发布、货源信息的查询、船运信息的发布、航线信息的发布、运输线路信息的查询、港口堆场和货场状态的查询等。

（2）中小物流企业的信息化服务需求

此项服务的需求主体是大量没有能力建设管理信息系统的中小物流企业，这些企业要求平台能为其提供一个基础共用的公共管理信息系统和公共数据交换通道，实现对企业基础资料、运输配送、客户关系和业务数据进行低成本、便捷化的管理。同时，也可实现其与客户企业之间的数据交换、快速传递和信息共享。

## 5.4.3　智慧港口物流信息平台的功能

**1. 宏观功能**

按照实际的功能应用要求，港口在规划设计物流信息平台方面，主要侧重于物流公共信息的发布、政策法规信息的发布、行业规范标准和物流新闻公告方面。该平台整体上为港口提供及时高效的物流信息采集、管理、发布的功能，同时为港口企业和相关用户提供一个及时的信息交流通道的反馈平台，最大限度地整合港口区域内，乃至长江中游内的港航信息资源，使各类"信息孤岛"实现无缝连接，推动和促进港域内现代物流信息化的建设。

智慧港口物流信息平台的目标客户主要包括监管部门（海关、检验检疫、税务等）、运输企业（水运、公路、铁路、航空、码头、仓储、代理等）、货主企业（贸易企业、生产企业等）、港口、金融单位等。以上客户与智慧港口物流信息平台的宏观关系如图5-5所示。

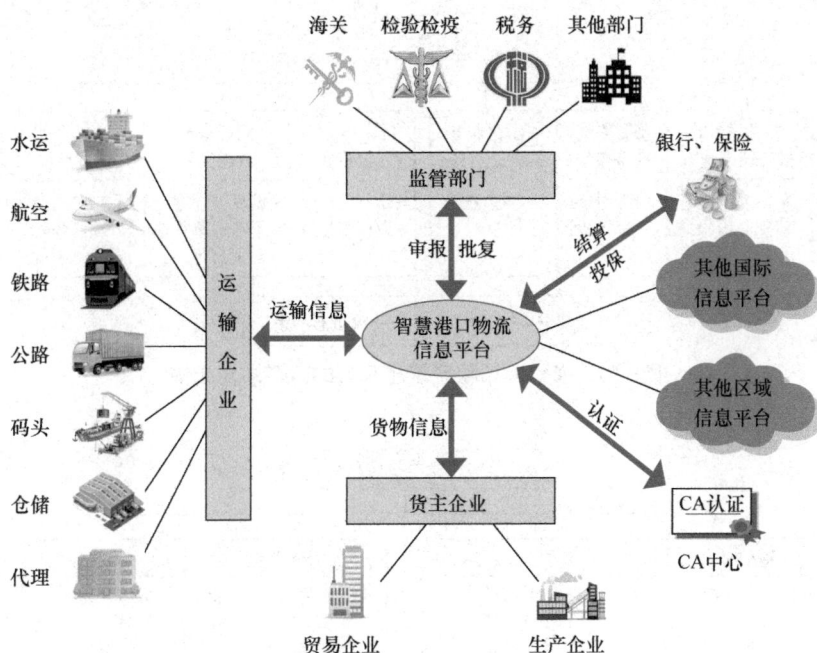

**图5-5　客户与智慧港口物流信息平台的宏观关系**

2. 微观功能

智慧港口物流信息平台主要包含的微观功能如图5-6所示。

智慧港口物流信息平台的组成系统如图5-7所示。

| ·监管通告<br>·业务通知<br>·新闻资讯 | ·货盘信息<br>·运力信息<br>·招标信息<br>·采购信息 | ·业务流程<br>·业务咨询 | ·订舱管理　·船舶申报<br>·检验申报　·中转申报<br>·空车配载　·网上投标<br>·供货管理　·信息发布<br>·业务跟踪　·增值服务 |
|---|---|---|---|
| 资讯纵横 | 商机快递 | 业务指南 | 业务在线 |

**外网**

| ·监控管理<br>·标准管理<br>·配置管理 | 系<br>统<br>管<br>理 | ·用户管理<br>·内容管理<br>·报文管理<br>·安全管理 |
|---|---|---|

**内网**

| 海事局网上申<br>报管理系统 | 海关在线<br>业务系统 | 国检业务<br>在线系统 | 集团网上<br>招标系统 | 物资采购<br>管理系统 | 港口业务<br>调度系统 |
|---|---|---|---|---|---|
| ·危险品申报<br>·船舶品申报 | ·国际中转<br>·查验管理 | ·国检查验 | ·招标公告<br>·邀标管理 | ·供应商管理<br>·采购清单管理<br>·网上议价 | ·船舶动态<br>·统计分析 |

| 数据传输优化 | 物流信息平台 |
|---|---|

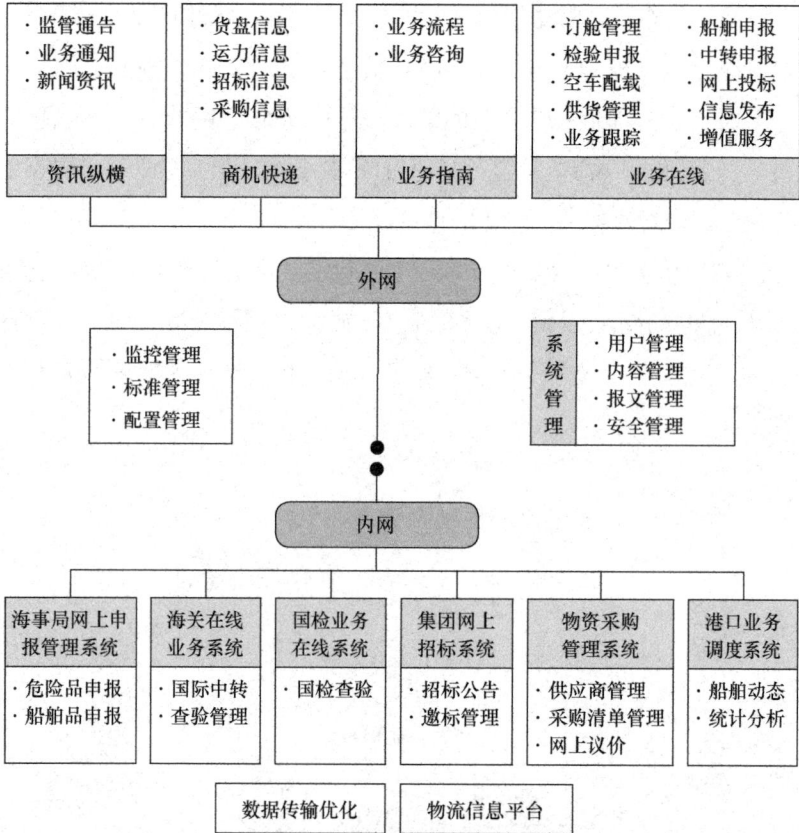

**图5-6　智慧港口物流信息平台的微观功能结构**

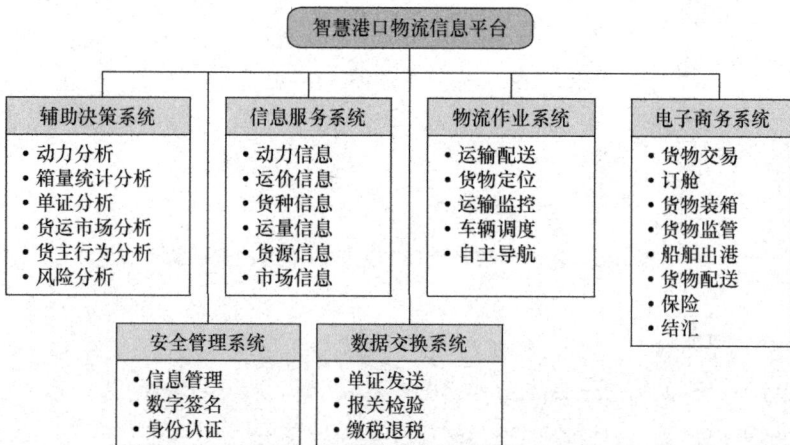

**智慧港口物流信息平台**

| 辅助决策系统 | 信息服务系统 | 物流作业系统 | 电子商务系统 |
|---|---|---|---|
| ·动力分析<br>·箱量统计分析<br>·单证分析<br>·货运市场分析<br>·货主行为分析<br>·风险分析 | ·动力信息<br>·运价信息<br>·货种信息<br>·运量信息<br>·货源信息<br>·市场信息 | ·运输配送<br>·货物定位<br>·运输监控<br>·车辆调度<br>·自主导航 | ·货物交易<br>·订舱<br>·货物装箱<br>·货物监管<br>·船舶出港<br>·货物配送<br>·保险<br>·结汇 |

| 安全管理系统 | 数据交换系统 |
|---|---|
| ·信息管理<br>·数字签名<br>·身份认证 | ·单证发送<br>·报关检验<br>·缴税退税 |

**图5-7　智慧港口物流信息平台的组成系统**

### 5.4.3.1 数据交换系统

数据交换系统主要负责数据的转换、传输和接收，包括单证发送、网上报关、报检、许可证申请、资金结算、缴（退）税等业务以及客户与商家的业务往来间的信息交换。数据交换系统引入行业标准以及国际贸易中相关的物流行业信息交换标准，采用多种通信和数据接入、采集、交互方式，将结构化数据转发给目标用户。

### 5.4.3.2 信息服务系统

各部门通过互联网登录到智慧港口物流信息平台的站点上就可以发布和获取站点上提供的信息。信息服务系统主要包括平台简介、平台功能导航、会员服务；行业信息发布包括行业动态、物流政策法规、相关新闻等；运输信息发布包括水路及陆路运输价格、铁路和公路里程查询、货源和运力、航班船期、铁路车次等信息。信息服务系统为政府管理部门、物流合作伙伴和广大客户提供有效的信息服务。

### 5.4.3.3 电子商务系统

电子商务系统提供了一个网上供求交易市场，用户可以在此平台上发布和查询货物供需信息，也可以办理相关的业务，实现信息的交流和共享。电子商务系统包括网上的货物交易、码头作业、货物订舱、货物装箱、货物的拆拼箱、货物监管和放行、船舶进出港、货物配送以及保险、结汇等业务。

### 5.4.3.4 物流作业系统

物流作业系统主要是利用运输设备及货物跟踪定位等关键物流技术，快速定位货物运输地点和运输状况，不仅提供多种通信手段实时地提供跨部门、跨区域的运输配送和调度作业解决方案，还提供对营运车辆进行监控、管理、跟踪、定位、导航等业务。

### 5.4.3.5 辅助决策系统

辅助决策系统利用数据统计技术，从运力、运价、货种、货运量、货源、市场等方面分析数据，预测企业、运输和市场的走向，给经营管理人提供准确的信息资料。

### 5.4.3.6 安全管理系统

安全管理系统通过规定、控制信息平台的用户访问和使用权限，维护整个系统的正常运行，保证数据的安全，同时也具有管理 CA 认证、电子印章和数字签名等业务。

## 5.4.4 智慧港口物流信息平台的建设原则

平台在建设中，以实用性原则为核心，兼顾系统的先进性、安全可靠性、中立性、统一和整体性、业务驱动性、可扩展性和经济性等原则。

整个平台的框架要用先进的理念构建，按照实用的尺度发展，具体原则如下。

（1）实用性原则

平台是一个综合信息服务平台，需要以优质的服务赢得客户的支持与信赖，所以服务的实用性将是决定平台命运的关键。

（2）先进性原则

除了实用性之外，港口在建设平台时还要考虑先进性，具有前瞻性的平台可以避免由于技术的快速发展而带来的系统频繁升级改造的风险，所以，港口要从多个方面考虑平台的先进性，如应用架构、网络部署、技术路线、开发平台、运维机制等。

（3）安全可靠性原则

安全可靠性原则主要包括两方面：一是平台的健壮性，二是平台信息处理的疏密性和信息存取的分级性。平台的可靠性要从软硬件平台、网络构件等多方面考虑。

（4）中立性原则

中立性是平台得到用户认可的基础。该平台需要做到公平、公正，为业界所有实体提供公平的运营环境。平台本身与平台用户必须没有任何实际或潜在的利益冲突，且不受任何实体的影响。

（5）统一和整体性原则

港口在建设平台时要统一考虑物流价值链上各个业务实体的需求，在合理定义各类业务需求的优先发展原则之后，统一设计和开发服务架构，以保证政府监管部门、物流企业以及平台运营企业自身业务的统一性和完整性。

（6）业务驱动性原则

平台功能要全面地反映业务需求，且能随着业务的变化、组织的变动而做出相应的调整，并不断发展完善。

（7）可扩展性原则

由于平台是不断发展完善的，因此，港口在设计平台时必须充分考虑未来功能的扩展。

（8）经济性原则

平台在尽可能为企业提供更多信息服务的同时，其设计还需符合经济性原则。经济性分为建设开发的经济性和运营维护的经济性。只有充分考虑经济性才能保证平台在将来的运营中逐步实现盈利。

## 5.4.5 智慧港口物流信息平台的体系结构

智慧港口物流信息平台以港口信息资源为依托，运用先进的信息技术和现代物流技术，充分整合、挖掘、利用信息资源，逐步实现与海关、商检、海事、税务、外汇管理、外经贸、交通等政府监管部门，与船公司、船代、货主、货代、码头、外理、箱站、报关行、储运、机场、车队、铁路、银行、保险等各类企业公司的联网，实现港航、空港的电子交换业务，无纸贸易、无纸放行及信息的增值服务，为用户提供信息共享和个性化服务，使信息服务由被动向主动转变，从而逐步提高我国港口的信息服务水平、服务质量和辐射范围。

我国智慧港口物流信息平台的体系结构如图 5-8 所示。

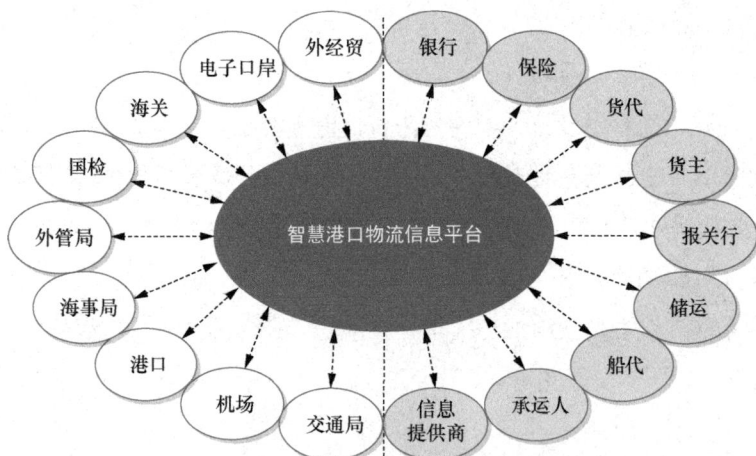

**图5-8　智慧港口物流信息平台的体系结构**

智慧港口物流信息平台通过公共网络和专有网络与国际贸易有关的政府部门（如交通、海关、外经贸、检验检疫等）、社会服务机构（如银行、保险、运输、仓储、港口、机场等）和各类贸易、生产企业的内部管理信息系统联网，集成它们的数据，进而开展电子数据交换和电子商务等服务。

与智慧港口物流信息平台连接的各节点彼此间可相互交换信息，政府部门、企业等均可在信息平台上发布信息，运行自己的业务。贸易企业或生产企业可将国际贸易中的相关货物信息，通过物流信息平台发送给相关政府部门、运输企业。水运、航空、铁路、公路等运输企业，以及一些码头、仓储、货运代理企业，通过口岸物流信息平台可将一些运输信息传递给政府监管部门及相关企业。海关、检验检疫、税务等政府监管部门，通过物流信息平台审批企业的申报信息，并将审批信息反馈给相关企业。银行、保险等金融服务机构，根据以上信息可为企业提供结算和投保业务。

# 第6章

# 智慧港航综合信息化平台的建设

在有效整合现有省、市港口信息化系统的基础上，智慧港航综合信息平台的建设借鉴了感知、传输、应用技术体系，可实现港口行政部门对码头、船舶、货物、重大危险源、危险货物的装卸过程、航管航运等管理要素的全面感知、有效传输和按需定制服务，同时，可为行政管理人员和相关单位及人员提供高效的管理辅助，并为公众提供便捷、实时的水运信息服务。

# 6.1 智慧港航信息化综合管控平台的设计

智慧港航信息化综合管控平台通过整合视频监控、图像通信等信息，全面监控码头、船舶、货物、重大危险源、危险货物装卸过程、航管航运等信息，加强各单位之间的互联互通。管理部门使用该平台可对港航进行全方位的监管。智慧港航信息化综合管控平台如图6-1所示。

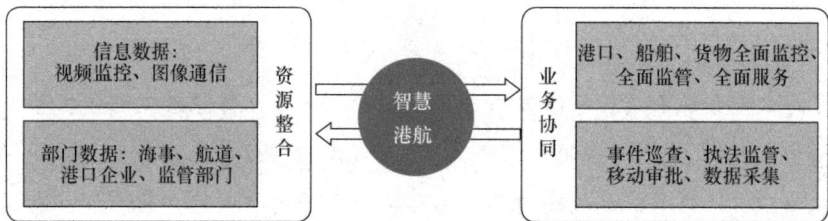

图6-1 智慧港航信息化综合管控平台

## 6.1.1 设计原则

智慧港航信息化综合管控平台的建设要保证各系统的完整性和功能的实用性，在保证平台稳定运行和数据提供准确迅速的同时，界面应简单和实用，系统应具备可扩展性，并有较强的可维护性。

平台在开发、部署与实施中应严格遵循以下指导原则。

（1）实用性原则

港口在智慧港航信息化综合管控平台的建设过程中，系统实施和业务模型的建立应严格贴合业务管理实际，且充分考虑航运管理处内部管理的需求特点，以便有力地辅助港口行政管理部门完成局内公文流转和事务管理，有效实现与港口相关系统的数据共享与数据交互,增强系统的可实施性。同时,该系统操作应简单、快捷,具有简便的人机交互界面,易于使用和推广,且方便维护。此外,系统良好的人机接口与灵活多样的展现方式,还能提高用户的查询效率,并做到快速响应。

（2）可扩展性

该平台在功能划分上预留了发展余地,结构设计、配置、管理方式等采用了国际上先进同时又是成熟、实用的技术。该平台设计所采用的技术和设备符合国际标准、国家标准和业界标准,在系统架构设计上充分考虑各接口的开放性和可扩展性,使得用户可根据信息技术的发展对应用系统进行扩展、维护及系统升级。

（3）可靠性

该平台采用先进的系统结构和技术措施,运用成熟的开发手段,具有良好的可靠性,能有效地避免单点失败。关键设备和部件采用冗余配置,能建立各种故障的快速恢复机制,确保平台 $7 \times 24$ 小时地正常运转,在技术服务和维护响应上与用户积极配合,确保系统的可靠性,保证数据指标的完整性和准确性。

（4）安全性

该平台提供全方位、立体化的安全实施方案,以便合法用户能够随时调用和查看所需要的数据。该平台还提供高度安全的防护手段,防止外部用户的非法入侵以及操作人员的越级操作,非法用户无法接触有权限的数据。平台要保护信息的安全,所有应用项目和软硬件都应遵守国家保密条例,符合国家有关的电子政务系统的安全要求,具备较强的自我保护机制,以便能有效抵御各种恶意攻击,确保内部信息的安全。

（5）大数据量的扩展

港航管理业务及其管理模式将随着社会的发展而不断变化,与此相对应的是,水路安全畅通与应急处置的需求也将不断拓展,管理部门将不断产生新的需求。在此情况下,智慧港航综合信息平台的建设不可能一步到位,这就需要在发展的过程中不断完善。因此,系统软件在体系结构设计上应支持大数据量的扩展,以能适应业务的不断发展和用户规模的扩大,具体设计方式如下。

① 该平台定期清理数据,可以通过使用触发器或者带存储过程的作业定期清

理数据业务。

② 该平台利用数据的转换与提取，定期用程序或用事务复制导入原始／汇总数据，再把数据复制到一台专门做统计的服务器上，以做查询所用；查询时做相应的优化，减轻查询时后台的压力。

③ 该平台各业务系统和外部数据源传送的数据都要经过检查数据格式、源数据清洗抽取转换，再被装载到收集层。该平台收集层中的数据再被抽取、转换、装载到数据仓库。数据仓库中的数据被抽取、转换并结合模型算法库中的算法生成维系结果集以供输出。数据仓库接口可将数据提供给应用系统进行本地化查询和使用。

（6）开放性和标准化原则

该平台的各种接口应满足开放性和标准化原则。平台上的设备满足当前需要，并在扩充模块后满足将来可预见的需求，以保证建设完成后的平台随时更新技术升级。

平台建成后，能满足大量工作人员同时在线使用。为了适应未来项目的新增和变更，港口在建设平台时，应使之具有足够的开放性，可通过简单配置和二次开发适应新的需求。

## 6.1.2　平台整体架构

智慧港航信息化综合管控平台的总体架构如图 6-2 所示。

# 6.2　GIS服务平台

GIS 服务平台利用移动互联网络等技术，以分图层的形式监管及全方位定位船舶货物等资源信息，做到"图上看、网上管、水上查"。

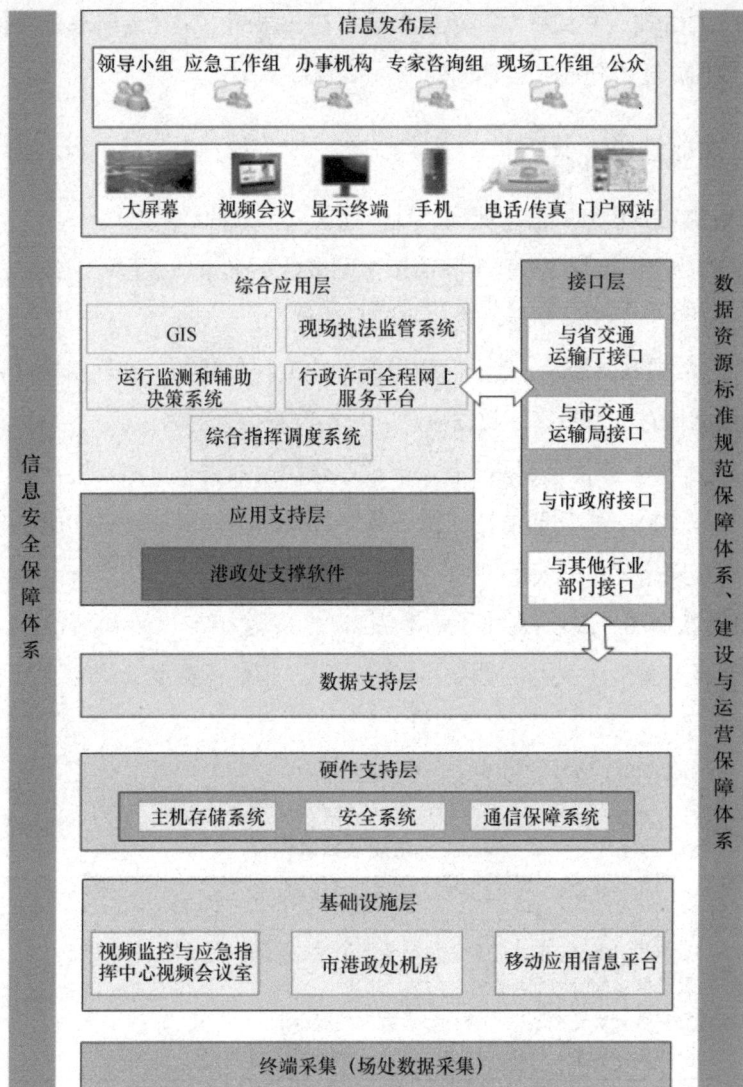

图6-2 智慧港航信息化平台的总体架构

## 6.2.1 GIS 服务平台的建设需求

港口应依托港岸线、港口、港区、码头、泊位等主要基础资源图层建设，在此基础之上依次接入和叠加经营、安全、航线、规划建设等专题数据，并接入

AIS、GPS、CCTV、移动平台等数据，最终在一张图上呈现港航基础数据信息和动态实时数据，逐步建成航运管理处"一张图"。

## 6.2.1.1　功能性需求分析

平台应重点显示港航信息概况，具体包含以下几种展示方式。

① 基础数据图层展示：基于高清影像图或数据矢量图，进行岸线、港区、重大危险源、码头、泊位、堆场、仓库等信息的展示。

② 业务数据图层展示：基于高清影像图或数据矢量图，进行船舶信息、危险货物作业数据信息、海事签证数据信息、执法监管信息的展示。

③ 动态感知数据图层展示：基于高清影像图或数据矢量图，进行基于 GIS 的 AIS、CCTV、GPS、移动通信"四位一体"技术的感知港口、感知船舶、感知货物的全面感知网络体系的展示。

④ 统计数据图层展示：对水上运输船舶、水路运力结构、港口装备、水路运量、港口吞吐量及其他业主关心的数据指标的展示，指标在数据支持的情况下应可动态调整。

平台的功能性需求内容见表 6-1。

表6-1　功能性需求内容

| 内容项 | 需要展示和管理的内容 |
|---|---|
| 港航基础信息 | ① 岸线、港区、重大危险源、码头、泊位、堆场、仓库等信息的展示。<br>② 港区运输管线的展示。<br>③ 海事管理专题数据、航行参考数据的展示。<br>④ 集疏运体系：公路、铁路、管道、物流园区的展示 |
| 港口经营专题数据 | ① 港口经营许可状态：港口经营许可的详细业务信息。<br>② 港口企业分布：港口企业分布的详细数据 |
| 港口规划专题数据 | ① 港口规划情况描述展示：对港口原始规划图按规划类别、规划年代（包含修编年代）进行备案管理，可以展示已有的港口规划图。<br>② 港区规划情况描述展示：在电子地图上标注港口沿线所有港区的每个作业区的范围和基本说明信息。<br>③ 岸线规划情况描述展示：将港口沿线所有港区的规划岸线分段分类在电子地图上展示。<br>④ 锚地规划情况描述展示：将沿江锚地的规划内容在电子地图上标注 |

（续表）

| 内容项 | 需要展示和管理的内容 |
|---|---|
| 港口安全专题数据 | ① 港口危险源分布：在电子地图上展示辖区港口危险源的具体位置和相应分类信息（属于系统本次需要实现的功能）。<br>② 港口安全管理状态：在电子地图上展示辖区"危险货物港口作业资质"和"港口危险货物作业场所建设项目许可"信息。<br>③ 港口安全设施设备：在电子地图上展示辖区港口安全设施设备的相关信息。<br>④ 港口视频监控点分布：在电子地图上展示辖区港口视频监控点的位置信息。<br>⑤ 港口应急资源分布：周边应急资源的位置、电话以及搜救力量单位、部门、联系人、联系方式、力量种类、具有功能、备注 |
| 港口建设专题数据 | ① 项目信息：设计单位、施工单位、监理单位、质量监督单位、检测单位、泊位性质、靠泊等级、泊位数量、通过能力、建设起止年限、总投资、资金来源。<br>② 建设过程信息：前期准备、岸线利用审批、项目审批核准备案、初步设计审批、施工图设计审批、招投标备案、工程质量监督手续办理、开工备案、过程控制、交工验收、试运行备案、单项验收、竣工验收等信息 |
| 港口统计专题数据 | ① 水上运输船舶数、同比增减幅度、集装箱船舶数和同比增减幅度。<br>② 港口装备：港务船舶数、港区铁路线长度、港区输油管线长度、生产用装卸机械数。<br>③ 水路运量：客运量、货运量、周转量、平均运距、水运集装箱运量、同比环比、远洋运输量。<br>④ 港口吞吐量：货物吞吐量、集装箱吞吐量、危货吞吐量、同比环比。<br>⑤ 航道交通量：日平均交通量，同比环比等 |

### 6.2.1.2 非功能性需求分析

平台需要满足大量的港口基础业务数据和空间数据的信息存储需求，同时要满足港口管理部门的信息共享需求；还需要满足用户地图交互、及时响应的需求，因此是一个对综合性、操作性都要求很高的系统，所以，平台建设时主要从图 6-3 所示的内容考虑非功能性需求。

## 6.2.2 建设目标

港口依据航运资源分布的特点，建立港口 GIS 服务平台和港航各类专题属性数据，包括港航基础信息数据、港口经营专题数据、港口规划专题数据、港口安全专题数据、港口建设专题数据、港口统计专题数据等信息。平台应汇集静态数据和动态数据，帮助加强与纵向单位以及横向关联单位的数据的互联互通，实现相关单位"深度互联、业务协同"的目标，平台的建设目标如图 6-4 所示。

**1** 平台需要满足大量的数据存储需求

平台不仅需要存储各级港口管理部门的业务属性数据，还需要存储大量的港口专题空间数据，因此需要可靠的存储方法满足数据存储的需求

**2** 平台需要满足高并发的访问需求

平台需要满足各级港口管理部门用户的查询访问需求，需要满足用户对地图交互操作及时性的响应需求，因此，通过数据组织、图层拆分规划、图层加载控制、电子地图服务优化、容量规划等方式，解决电子地图加载慢，执行操作响应慢等性能问题

**3** 平台需要满足易用性需求

平台首先应是一个实用的系统，其目标是进行高效的计算机操作来提高港口管理的水平和工作效率，因此，平台的分析、设计，数据的采集、整理和功能实现都将面向业务管理的实际应用。平台应保证运行稳定、反应迅速、数据准确，设计风格统一、界面友好，操作简便、学习成本低

**4** 平台需要满足可扩展性需求

整个平台的建设应遵循统一化、标准化的原则，严格按照国家和行业标准的要求进行建设与实施。整个平台采用开放式的模块化设计，可以在以后的应用中不断地扩充各种新的功能模块，从而适应新技术和新业务发展所带来的变化。平台必须具备统一的接口和合理的数据编码规则，以便为后续的应用系统开发和数据库建设提供必要的支持

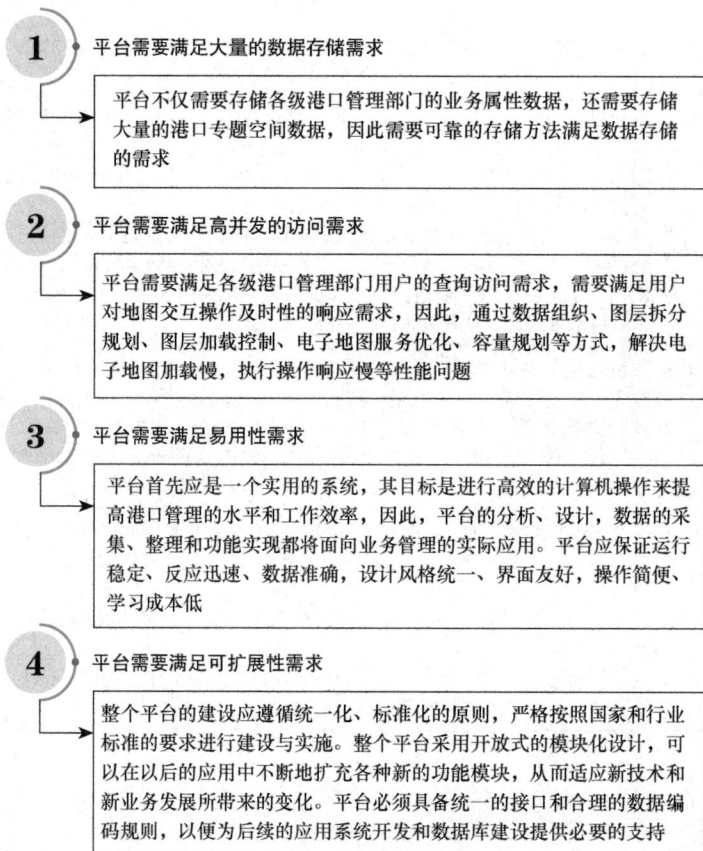

图6-3 平台的非功能性需求

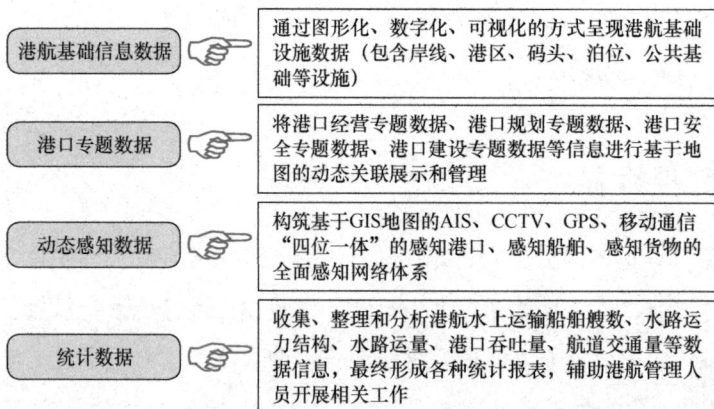

港航基础信息数据 ☞ 通过图形化、数字化、可视化的方式呈现港航基础设施数据（包含岸线、港区、码头、泊位、公共基础等设施）

港口专题数据 ☞ 将港口经营专题数据、港口规划专题数据、港口安全专题数据、港口建设专题数据等信息进行基于地图的动态关联展示和管理

动态感知数据 ☞ 构筑基于GIS地图的AIS、CCTV、GPS、移动通信"四位一体"的感知港口、感知船舶、感知货物的全面感知网络体系

统计数据 ☞ 收集、整理和分析港航水上运输船舶艘数、水路运力运量结构、水路运量、港口吞吐量、航道交通量等数据信息，最终形成各种统计报表，辅助港航管理人员开展相关工作

图6-4 平台的建设目标

### 6.2.3　总体结构设计

港航 GIS 服务平台涵盖港口资源展示和用户全方位管理的应用，港口在建设平台时应充分考虑信息集成、数据共享和业务应用等功能的融合，实现无缝集成，提供港务基础设施管理、港口资源信息管控、空间数据处理与展现、事务处理等多项功能。根据港口航运资源分布的特点，港航 GIS 服务平台利用先进的 WebGIS 技术、数据库技术、网络技术，实现业务数据、动态数据与相关地理信息空间数据的关联，使调用的业务数据和动态数据可以快速地在地图上被定位及匹配显示。

港口在进行港航 GIS 服务平台的结构与功能的设计时应统一考虑总体结构和功能分配，平台的数据库及软件模块可以在其他子系统中进行重用，通过 COM 技术，通用的模块可被封装成二次开发平台，该二次开发平台之上可构建丰富多彩的系统应用，以方便拓展平台功能，减少平台开发和维护的工作量。

港航 GIS 服务平台的总体架构如图 6-5 所示。港航 GIS 服务平台的总体架构说明见表 6-2。

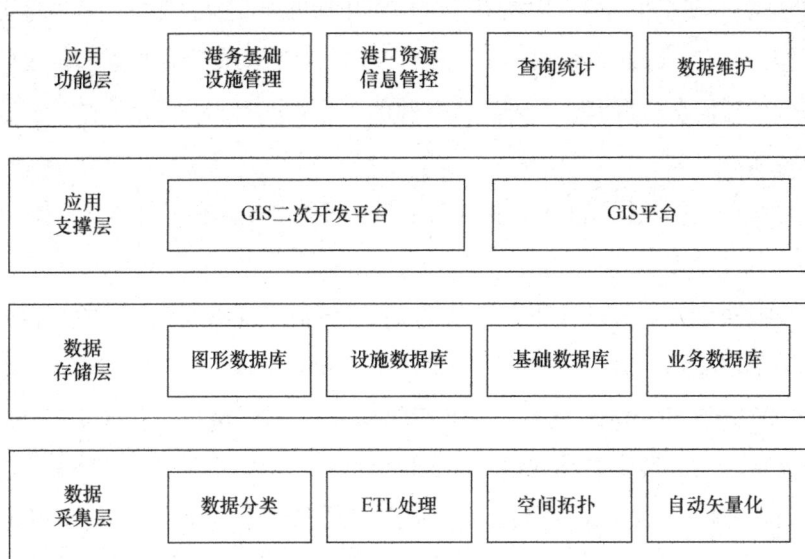

| 应用功能层 | 港务基础设施管理 | 港口资源信息管控 | 查询统计 | 数据维护 |
|---|---|---|---|---|
| 应用支撑层 | GIS二次开发平台 | | GIS平台 | |
| 数据存储层 | 图形数据库 | 设施数据库 | 基础数据库 | 业务数据库 |
| 数据采集层 | 数据分类 | ETL处理 | 空间拓扑 | 自动矢量化 |

**图6-5　港航GIS服务平台的总体架构**

表6-2 港航GIS服务平台的总体架构说明

| 序号 | 层次 | 说明 |
|---|---|---|
| 1 | 应用功能层 | 港口的管理部门可根据实际需要及时、准确、真实、图文并茂地获取所需要的港口地理信息和业务信息,借助GIS特有的空间分析和可视化表达手段,进行各种辅助决策,实现对港口资源信息的查询共享、分析和更新维护 |
| 2 | 应用支撑层 | 该层支持空间数据管理、处理、分析、建模和显示等GIS基础功能以及平台的基本框架 |
| 3 | 数据存储层 | 该层实现港口图形数据、设施数据、基础数据和业务数据的分类存储和有机结合 |
| 4 | 数据采集层 | 将所需的岸线、港区、企业、码头、泊位、锚地等各种港口布局数据和港口规划图纸数据,结合港口数字资源普查等工作成果,输入和分类存储到计算机中,实现港口资源的数字化。该层主要通过数据ETL处理、空间拓扑、数据分类、自动矢量化等方式实现系统所需的功能 |

## 6.2.4 数据结构设计

### 1. 地形图数据

港航 GIS 服务平台的应用离不开数据库和基础地形图的支持,基础地形图不仅可以作为所有 GIS 的背景图,还可以为港口其他应用提供地形参考。因此,在建设基础地理信息数据库时,应建立基础地形图数据库,包括地形图、图形信息和属性信息。

电子地图空间数据库主要包括矢量数据和栅格数据两种,具体介绍如下。

(1)矢量数据

矢量数据包括基础地理数据和专题数据。基础地理数据是由测绘局提供及维护的基础地理信息,信息包括数字线划图(Digital Line Graphic,DLG)、数字高程模型(Digital Elevation Model,DEM)、数字正射影像图(Digital Orthophoto Map,DOM)等。专题数据包括交通公路、航道、港口、场站、铁路、机场、公路动态信息、港口动态信息以及其他交通相关业务数据等(此处主要关注港口专题数据)。

（2）栅格数据

栅格数据结构基于像素的点阵，代表地球表面的一部分，点阵依照地理坐标系统来定位。在此坐标系统中，点阵中的每个像素表示在相应的 X 和 Y 方向上的具体距离。像素代表的距离越短，栅格文件的分辨率越高，且文件容量越大。每个像素都被分配一个值以描述所表示的特性。

栅格数据可表现影像（主要是卫星影像），GIS 数据库中的影像具有直观、信息量丰富、可读性强等优点。

**2. 码头基础设施数据库**

码头基础设施数据库包括泊位、揽桩、岸线、堆场、建筑物、道路等的数据库，是将已有的电子格式的基础设施数据经过加工处理后，生成的满足 GIS 要求的基础设施数据库。

**3. 属性数据库**

属性数据库用于存储港口的各项设备与设施有关的数据，平台采用关系型数据库管理系统，利用 SQL 进行操作，提供存储、维护、检索数据等的功能。

数据模型是对系统实体类关系的映射，本平台的数据模型包含两部分，一部分是对业务对象本身的模型设计，主要包括港口、港区、港口经营人、码头泊位等业务实体；另一部分是对平台权限管理的模型设计，包括用户权限、菜单功能等基础表单。

（1）业务对象数据实体模型

平台的业务对象数据实体主要包括港口、港区、港口经营人、码头泊位等。港口是具有水陆联运设备和条件，供船舶安全进出和停泊的运输枢纽。港区划分是为了提高装卸效率，防止污染及方便管理等，综合性港口根据货物种类和装卸特点，划分成不同专业的作业区。一个港口按功能集中情况通常被划分为若干个港区，所以港口与港区的关系是一对多；一个港区区域里有多个港口经营企业，所以港区与港口经营人的关系也是一对多的关系；一个码头可以属于港口经营人所有，这是私有码头，也可以属于港区公共基础设施，不属于任何一个港口经营人所有，这是公有码头。码头上有靠船的泊位，一个码头有一个或者多个泊位。

（2）权限管理模型

权限管理模型的设计应满足用户对权限管理的需求。管理员根据需求，创建不同角色，并为角色配置相应的权限，再根据不同用户的需求配置相应角色。用户登录系统后，根据角色信息，获得相应权限。平台应支持从资源查看区域（范围）和类型（图层）的授权，即需要建立图层菜单、图层区域与角色的关联关系，这区别于一般的信息系统的权限管理模型。

## 6.2.5  电子地图设计

### 1. 电子地图方案比选

行业内采用的电子地图的呈现方式有以下几种。

① 二维电子地图：虽然实现了数据的展示和分析功能，但始终是对现实世界的一种高度抽象表示，并不能真实完整地反映现实世界。

② 三维电子地图：是按照一定比例对现实世界的某个方面进行三维抽象和描述的电子地图，它的形象性、功能性要远强于二维电子地图，但在数据处理、发布效率以及网络传输等方面具有较大的技术限制，而且成本较高。

③ 2.5维电子地图：除继承二维电子地图在数据采集、分析处理等方面的强大功能，其直观可视和真实的空间表现能力弥补了二维电子地图表现的局限性。2.5维电子地图相对于三维电子地图而言，数据量小，网络传输速度快，满足了在一般网络环境下对三维电子地图的快速访问需求，既解决了三维电子地图网络发布的技术难题，又满足了三维仿真的高真实感要求。

### 2. 比选方案设计

通过对现有主要电子地图技术的比选，平台应综合采用多种电子地图技术结合的方式管控港区内码头设备、厂房、储罐、堆场等对象。港口的港区底图宜采用平面矢量地图或者正射影像地图；也可使用标绘矢量图管理港口资源，方便更新；部分重点港区，沿岸线2千米区域范围内可使用2.5维电子地图；重要危险源经营企业，在2.5维电子地图上，基于实景技术，制作360度实景影像，使工作人员了解重要场所的实际情况。

对于重点港口区域，平台基于影像地图（获取位置信息）和实景照片（获取地物渲染外貌），生成港区内码头、设备、厂房、储罐、堆场等对象的模型，模型拼接后进行整图色彩渲染，最终形成港区的 2.5 维电子地图。

监控摄像头不能全面覆盖的重点监管区域可应用 360 度全景技术，全方位展示重点区域在 360 度球形范围内的周边情况。用户在使用系统时，单击这些 360 度热点区域，即可以对该区域进行 360 度旋转以及拉近、拉远查看操作。

### 3. 电子地图图例设计

为了向用户展示色彩协调、符号形象、图面美观以及与常用资料统一的视屏显示地图，平台需要事先设定地图要素的显示符号（包括要素及注解的样式、规格、颜色等）。

## 6.2.6 平台解决方案设计

港航 GIS 服务平台采用业内最先进的地理信息技术，保障自身的先进性，使平台能够在较长的时期内为相关部门服务。

平台的建设规模和功能要求与平台开发目标紧密相关，具体目标是在科学合理的用户需求分析的基础上确定的，平台具备以下基本功能。

### 1. 数据采集入库

平台应具备高效的数据采集、转换、输入功能，可针对不同的信息源，采用不同的数据获取方法和处理手段，如扫描矢量化、其他数据转换接口等实现数据采集入库。

### 2. 编辑修改功能

港口面貌不断改变，基础数据的更新维护工作每天都在进行，平台应具备高效的图形信息的编辑修改功能，提供方便实用的图形工具和用户界面，方便港口基础设施信息和地形信息的修改。

### 3. 存储管理功能

建立科学、合理的地形图要素分类和编码标准是数据采集、组织、转换和输出的依据。港航 GIS 服务平台具有较广的服务面，因此，基础港口地理信息数据库应该是全要素的。平台应具有科学的存储结构，具有详细的信息分层，以满足港航信息化平台的应用需要。存储管理功能说明见表 6-3。

表6-3　存储管理功能说明

| 序号 | 分功能 | 说明 |
|---|---|---|
| 1 | 查询统计功能 | 用户可按要求以多种方式（包括图名、图号、坐标、名称等）展现 |
| 2 | 地图输出功能 | 平台可以在强大的地图显示环境下生成高质量的地图输出，可以将地图按行政区域的范围或指定范围导出成"*.shp""*.jpg"等的通用矢量、栅格数据格式，也支持图形的打印输出，包括标准图幅出图、不规则范围出图等，并提供文本编辑、元素添加（如图片、指北针等）、保存等功能 |
| 3 | 分析功能 | 平台可满足港口应用的各种分析功能，提供空间分析工具分析港口地理要素 |
| 4 | 动态数据监控与调度功能 | 结合数据交换动态地展示、监控与调度管理相关海事专题的地理信息数据、AIS动态数据、危险船舶签证信息以及视频监管信息 |
| 5 | 系统接口与数据交换功能 | 与智慧港航信息化平台的其他应用系统进行交互，实现港口数据库的全面共享，提供通用的数据交换格式，与智慧港航信息化平台的其他应用系统或未来的应用系统进行数据交换 |
| 6 | 其他功能 | 考虑其他港航GIS服务平台应具备的基本功能和相关部门对地理信息平台的功能需求来确定的功能，具体包括空间数据采集、转换、入库，属性数据与空间数据的关联，基础数据图层展示，业务数据图层展示及系统管理等 |

## 6.2.7　功能设计

### 6.2.7.1　基础功能设计

平台基础功能主要包括地图浏览、快速定位、地图测量、图层管理、空间分析、打印输出、信息查询等。

1. 地图浏览

① 平台支持用户对地图进行大小缩放、距离测量、面积测量、坐标定位和地图全屏显示等操作，还支持与卫星图进行切换，地图上叠加的港区、作业区、锚地资源、码头泊位、港口经营人、安全、经营系统的图层可以控制。

② 地图浏览功能包括基础地图以及专题地图的放大、缩小、全图显示、前一/后一视图等，用户可概览全图，也可观察局部细节。

2. 快速定位

快速定位功能可提供行政区域的导航以及鸟瞰图。

① 行政区域导航:按行政区域名称、港口、港区、泊位等信息，支持快速定位。

用户可选择行政区域名称，并在名称上双击鼠标左键，则所选择的区域定位在图形区中心，支持放大显示。

② 鸟瞰图：鸟瞰图也叫鹰眼窗，由图形和导航框（矩形框）两个部分组成，导航框显示框内的地图在整个图形中的相对位置。鸟瞰图和系统图形区可交户，用户用鼠标左键单击导航框并将其拖动到图形的任意一个地方，导航框选中的区域会按系统原来的比例尺移至图形区中央，以实现快速定位的目的。

3. 地图测量

地图测量功能提供各种辅助用户了解、掌握信息的工具，包括距离量测、面积量测等。

① 距离量测：量测图上可以任意显示两点或多点之间的距离。该距离值的单位是根据图形的坐标单位而定的，也可以根据需要进行转换。

用户选取需要量测的实体起点，按下鼠标左键不放将其拖拽至需要量测的终点，系统在地图上绘制出一条红色的量测线，量测结束用户双击鼠标左键表示距离量测完毕，界面显示量测距离值。

② 面积量测：量测图上可以显示指定范围（某港口或用户用鼠标点出的范围）的面积。用户选择量测面积操作后，系统会弹出信息框，用户在图形区要量测面积的位置处单击左键，面积信息即会显示在信息框中。获取面积量测值的操作同上。

4. 图层管理

图层管理功能提供管理系统图层的功能，主要包括图 6-6 所示的功能。

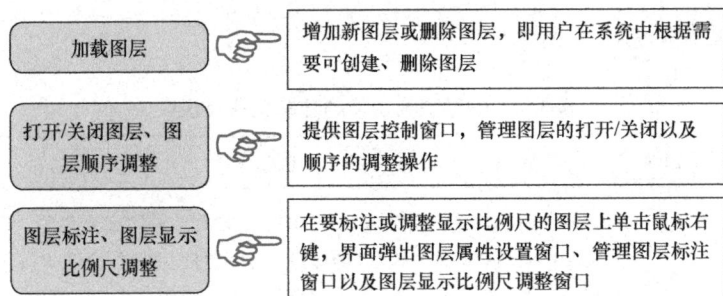

| 加载图层 | ☞ | 增加新图层或删除图层，即用户在系统中根据需要可创建、删除图层 |
| --- | --- | --- |
| 打开/关闭图层、图层顺序调整 | ☞ | 提供图层控制窗口，管理图层的打开/关闭以及顺序的调整操作 |
| 图层标注、图层显示比例尺调整 | ☞ | 在要标注或调整显示比例尺的图层上单击鼠标右键，界面弹出图层属性设置窗口、管理图层标注窗口以及图层显示比例尺调整窗口 |

图6-6 图层管理功能

**5. 空间分析**

平台提供空间分析工具，以供用户分析港口地理要素，为交通决策提供支持，分析的内容包括缓冲区分析、路径分析等。

① 缓冲区分析：岸线规划合理性分析、最近设施分析等。

② 路径分析：发生港区安全事件后，相关人员通过平台获取周边应急资源以及人员就医路径，方便后续处理。

**6. 打印输出**

打印输出功能使用户不仅可以将编辑完成的专题地图或所关心的当前图形通过打印机或绘图仪输出，还可将上述图形转换为栅格图像，转存为某一格式的图像文件。功能支持用户将当前视窗范围内的地图在打印窗口显示，单击"打印"按钮，平台自动读取连接的默认打印机即可进行打印，打印输出还具备以下子功能模块。

① 报表定制：用户可以将查询到的信息、业务表格、统计分析数据等按照报表的形式打印输出，作为档案备份和向上级汇报的材料。

② 图形输出：用户可以将地图按行政区域的范围或需要的范围导出成"*.shp""*.jpg"等通用的矢量、栅格数据格式。

**7. 信息查询**

信息查询功能在数据管理功能的基础上，为管理决策者提供对各种可用的信息的查询功能。查询检索功能提供空间信息和属性信息的双向查询，从空间到属性的查询有点查询和区域查询两种方式，从属性到空间的查询采用结构化的查询模式，由用户设定一个或多个条件进行精确或模糊查询。信息查询功能的功能模块及说明见表6-4。

表6-4　信息查询功能的功能模块及说明

| 序号 | 功能模块 | 功能说明 |
| --- | --- | --- |
| 1 | 专题查询 | 在对各类用户进行需求调查的基础上，设置几种固定的信息，系统管理人员和一般用户都可快速获取查询和统计信息。如果所查询的信息具有空间信息，平台除了输出数据报表和统计图外，还要生成相应的GIS专题图，比如生成港区的集装箱堆场的专题图层 |

（续表）

| 序号 | 功能模块 | 功能说明 |
|------|---------|---------|
| 2 | 任意查询 | 辅助信息系统管理人员和一般用户制订查询和统计表达式，平台将根据这些表达式提取、查询和统计信息。该功能模块为用户提供了更加灵活的查询和统计模式，用户可以随意建立表达式进行信息查询和统计 |
| 3 | 定制查询 | 平台应提供定制查询功能，即存储表达式查询的有关规则后，用户再进行类似的查询统计时，只需选择定制查询和统计表达式的名称，便可获取所需的信息 |
| 4 | 空间查询 | 根据空间信息对各种属性信息进行查询统计。<br>① 视野内查询：用户单击鼠标左键选择视野内查询，并选择单个专题项，如泊位，平台自动查询视野范围内的泊位信息并在查询结果显示栏和图形显示栏中显示查询结果。用户在查询结果显示栏中单击需要查看的具体泊位信息时，被选择的泊位在地图上由突出颜色标注，同时界面弹出的泊位的详细信息页面，显示泊位的基本信息、泊位的现状图片以及泊位的实时监控信息等。<br>② 拉框查询：用户单击选择拉框查询，滑动鼠标选择单个专题，如泊位功能区，按住鼠标左键在地图上拉框形成一个矩形范围，平台在查询结果显示栏上显示这个矩形范围内的泊位功能区信息（可设计成悬浮或固定位置）。用户在查询结果中单击需要查看的具体泊位信息，被选择的泊位在地图上突出标注，同时界面弹出泊位功能区的详细信息页面。<br>③ 定距离查询：例如查询港口空间上某一点100米范围内集装箱的分布状况。<br>④ 点查询：用户单击某个港口地理空间信息，查询其相应的信息。<br>⑤ 圆形查询：用户利用平台提供的工具在地图上画圆形，查询圆形内的所有港口信息与地理空间信息。<br>⑥ 多边形查询：用户利用平台提供的工具在地图上画任意多边形，查询该多边形内的所有港口信息与地理空间信息。<br>⑦ 缓冲区查询：用户选择地图上特定的对象，输入缓冲大小创建缓冲区，查询缓冲区范围内港口信息与地理空间信息。<br>⑧ 穿越查询：用户利用平台提供的工具在地图上画任意折线，查询该折线穿过的所有港口与地理空间的相关信息。<br>⑨ 边界查询：用户指定某个面状图形对象，查询该面状图形对象包围的与港口和地理空间信息相关的信息。<br>⑩ 实时信息查询：电子地图上可显示鼠标移动位置处港口与地理空间的相关信息 |

### 6.2.7.2　基础数据图层展示

平台应支持直接编辑港口地理信息数据库，包括支持编辑图形要素、属性信息，以及支持修改符号和形态、对数据库的各种信息进行新增和删除，还应支持查询统计和打印输出功能。

平台能通过 GIS 电子地图显示港口范围内的基础资源，用户通过滑动鼠标和触控等方式，可在不同级别电子地图比例尺下看到不同的资源图层信息。基础数据图层展示的基础资源信息见表 6-5。

表6-5　基础数据图层展示的基础资源信息

| 层级 | | 显示内容细节 |
| --- | --- | --- |
| 港口地图范围（地图界面放大到港口范围，只显示该港口的所有港区、锚地、园区等基础资源） | 港区 | 鼠标移动到相关位置能显示该港区的相关信息，如：港区名称、自然岸线长度、所在港口名称、规划港口岸线长度、主要功能、前沿水深、港区所在水域类型、通过能力、港区面积、集装箱通过能力、陆域纵深、泊位数、陆域面积、主要装卸货种、水域描述、港界控制点坐标、本港区规划链接 |
| | 园区 | 园区（工业区和开发区）名称和区界，作为底图信息，鼠标移动到相关位置无弹出内容 |
| | 锚地 | 鼠标移动到相关位置能显示该锚地的相关信息，如：锚地名称、位置、港口管理部门、尺度（长度和宽度）、类型、用途、锚界坐标点、锚泊能力、水深 |
| | 岸线 | 鼠标移动到相关位置能显示该岸段的相关信息，如：岸线名称、等级（深水/非深水）、岸线起止位置和状态、利用情况、岸线总长、拥有该岸段的港口经营人、规划功能 |
| | 集疏运 | 作为底图，鼠标移动到相关位置没有弹出菜单内容，但包含以下信息。①集疏运系统：铁路、公路、机场、管道（输送）的分布情况。②其他：疏港道路（后期） |
| | 水道 | 作为底图，鼠标移动到相关位置没有弹出菜单内容，但包含以下信息。①航道：航道名称、航道水深、航道段位置描述、航道通航等级和航道宽度等。②进港航道：名称、位置、宽度和等级等。③桥梁：名称、位置、通航净空高度和通航净空宽度 |

（续表）

| 层级 | | 显示内容细节 |
|---|---|---|
| 港区地图范围（地图界面放大到某个港区范围，只显示该港区的以下资源：所有作业区、泊位、岸线等基础资源） | 总体信息 | 本港区主要泊位信息汇总，包括作业区码头泊位名称、泊位性质、靠泊等级、泊位个数、泊位长度和货种通过能力 |
| | 作业区 | 鼠标移动到相关位置能显示该作业区的相关信息，如：作业区名称、所属港区名称、港口管理部门、码头泊位名称、泊位性质、靠泊等级、泊位个数、泊位长度、通过能力、作业区用途、吞吐量、作业区界坐标点 |
| | 岸线 | 鼠标移动到相关位置能显示该岸线的相关信息，如：岸线名称、等级、岸线起止位置、利用状态、岸线总长、拥有该岸段的港口经营人、规划功能 |
| | 集疏运 | 作为底图，鼠标移动到相关位置没有弹出菜单内容，但包含以下信息。①集疏运系统：铁路、公路、机场和管道（输送）的分布情况。②其他：疏港道路 |
| | 水道 | 作为底图，鼠标移动到相关位置没有弹出菜单内容，但包含以下信息。①航道：航道名称、航道水深、航道段位置描述（起止点名称）、航道通航等级和航道宽度等。②进港航道：名称、位置、宽度和等级等。③桥梁：名称、位置、通航净空高度和通航净空宽度 |
| 作业区地图范围（地图界面放大到某个作业区，只显示该作业区的以下资源：所有码头、泊位等基础资源） | 码头 | 鼠标移动到相关位置能显示该码头的相关信息，如：码头名称、港口管理部门、所在港区名称、码头用途类型、码头性质、所含泊位情况、所属港口企业、码头长度与纵深、泊位个数、陆域纵深、码头结构、建成日期、用途、吞吐量、码头前沿设计水深、码头前沿实际水深、码头前沿维护水深和界坐标点 |
| | 泊位 | 鼠标移动到相关位置能显示该泊位的相关信息，如：泊位名称、状态、所在港区名称、所在功能区名称、泊位代码、泊位长度、泊位所在水系、所属港口企业、设计靠泊能力、集装箱、设计年通过能力、泊位服务类型、泊位生产类型、泊位用途、前沿设计水深、前沿实际水深、前沿维护水深、界坐标点 |
| | 岸线 | 鼠标移动到相关位置能显示该岸线的相关信息，如：岸线名称、等级、岸线起止位置、利用状态、岸线总长、拥有该岸段的港口经营人、规划功能 |
| | 仓库 | 鼠标移动到相关位置能显示该仓库的相关信息，如：仓库名称、所在港区名称、经营人、仓库面积、仓库容积、仓库照片、仓库修建时间、仓库使用年限 |
| | 堆场 | 鼠标移动到相关位置能显示该堆场的相关信息，如：堆场名称、所在港区名称、经营人、堆场面积与容量、堆场照片、堆场类型、堆场位置、堆场所有人、所有人的联系方式、堆场修建时间、堆场使用年限 |

（续表）

| 层级 | | 显示内容细节 |
|------|------|------|
| 作业区地图范围（地图界面放大到某个作业区，只显示该作业区的以下资源：所有码头、泊位等基础资源） | 储罐 | 鼠标移动到相关位置能显示该储罐的相关信息，如：所属港区、所属港口、储罐名称、储罐直径、储罐容量、储罐建成时间、储罐使用年限、所属港口企业、储罐的位置、存储物、是否为危险源 |
| | 集疏运 | 作为底图，鼠标移动到相关位置没有弹出菜单内容，但包含以下信息<br>① 集疏运系统：铁路、公路、机场、管道（输送）的分布情况。<br>② 其他：疏港道路 |
| | 水道 | 作为底图，鼠标移动到相关位置没有弹出菜单内容，但包含以下信息。<br>① 航道：航道名称、航道水深、航道段位置描述、航道通航等级、航道宽度等。<br>② 进港航道：名称、位置、宽度、等级等。<br>③ 桥梁：名称、位置、通航净空高度、通航净空宽度 |
| | 经营企业 | 鼠标移动到相关位置能显示经营企业的相关信息，如：<br>① 所在地市港口管理部门、经营企业名称、所在港区、组织机构代码、联系方式、法定代表人、经济类型、注册资本、投产年份、从业人数、前一年度经营情况、近几年纳税情况。<br>② 港口经营许可证编号、发证日期、发证机关、经营范围、经营区域、主营货种、港口危险货物作业认可证编号、港口设施保安符合证编号。<br>③ 自然资源使用情况、码头泊位总数、最大靠泊能力、仓库面积、堆场面积、储罐容积 |

## 6.2.7.3  业务数据图层展示

业务数据图层展示模块具有支持在电子地图上叠加展示各种与业务应用相关的专题图层信息的功能，具体说明见表6-6。

表6-6  业务数据图层展示模块说明

| 图层名 | 功能说明 | 备注 |
|------|------|------|
| 港口危险源分布专题图 | 相关部门可在电子地图上浏览辖区港口危险源的具体位置和相应的分类信息，并可以通过在电子地图上单击的方式来查询港口危险源的详细信息 | 可以按照区域任意组合显示不同等级、不同种类的重大危险源分布状况；显示重大危险源企业分布状况，可通过点选，关联企业经营人的部分信息，剧毒化学品和重大危险源可按照种类、级别等相关属性进行选择与显示 |
| 港口应急资源分布专题图 | 相关部门可在电子地图上浏览辖区应急资源信息，并可以通过在地图上单击的方式来查看指定应急资源的详细信息 | 可以按照区域任意组合显示不同应急资源 |

（1）港口经营专题图层展示

港口经营专题图层展示的主要数据包括以下内容。

① 所在地市港口管理部门、企业名称、所在港区、组织机构代码、联系方式、法定代表人、经济类型、注册资本（万元）、投产（开业）年份、从业人数、上年度经营情况（营业收入和营业利润）、近几年纳税情况（国税和地税）。

② 港口经营许可证编号、发证日期、发证机关、经营范围、经营区域、主营货种、港口危险货物作业认可证编号、港口设施保安符合证书编号。

③ 自然资源使用情况（陆域土地面积、水域面积、自然岸线长度）、码头泊位总数、最大靠泊能力、仓库面积、堆场面积、储罐容积。

④ 船厂船坞、船台、舾装码头信息（名称、吨级和长度）。

（2）港口安全专题图层展示

港口安全专题图层展示模块的说明见表6-7。

**表6-7 港口安全专题图层展示模块说明**

| 图层名 | 功能说明 | 备注 |
| --- | --- | --- |
| 港口安全管理状态专题图 | 电子地图上显示辖区"危险货物港口作业资质"和"港口危险货物作业场所建设项目许可"信息，用户可以通过在电子地图上单击的方式来查询港口安全管理状态的详细信息 | 港口安全管理状态信息以港口企业为单位在电子地图上展示 |
| 港口安全设施设备专题图 | 电子地图上显示辖区港口安全设施设备的相关信息，用户可以通过在地图上单击的方式查询港口安全设施设备的详细信息 | 港口安全设施设备信息以港口企业为单位在地图上展示 |
| 港口视频监控点分布专题图 | 电子地图上显示辖区港口视频监控点信息，用户可以通过在电子地图上单击的方式来查看指定的港口视频监控点的视频图像 | |

（3）港口规划专题图层展示

港口规划专题图层展示岸线、港区、港口、锚地的规划信息，如图6-7所示。

规划信息需要由单独的图层来表示，以便可以与现状信息叠加对比。系统默认显示的是现状信息，平台功能描述见表6-8。

| | | |
|---|---|---|
| 岸线规划情况展示 | 👉 | 将港口沿线所有港区的规划岸线分段、分类在电子地图上标注 |
| 港区规划情况展示 | 👉 | 在电子地图上标注港口沿线所有港区的每个作业区范围和基本信息 |
| 港口规划情况展示 | 👉 | 对港口原始规划图按规划类别、规划时间进行备案管理，可以查看已有的港口规划图。对于重点的港口规划区域可以使用地图交互工具在系统中增加、修改、删除港口规划区域的位置及详细规划信息。港口规划信息主要指在地图上标识的重点港口规划区域的位置及其详细规划信息 |
| 锚地规划情况展示 | 👉 | 将锚地的规划内容在电子地图上标注 |

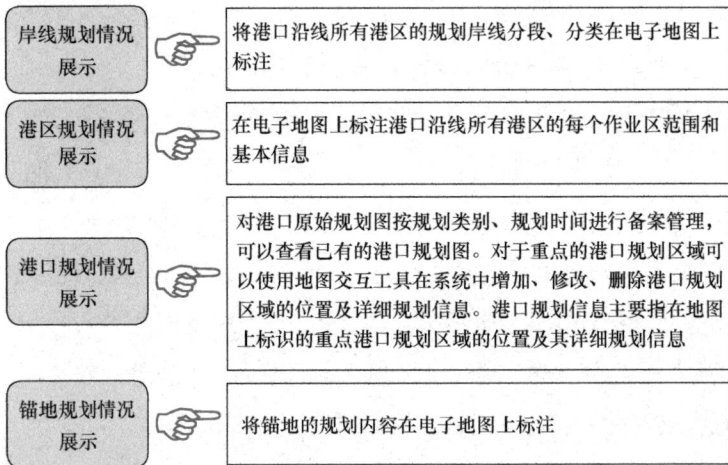

图6-7 港口规划专题图层展示的信息

表6-8 平台功能描述

| 功能 | 操作者 | 描述 | 备注 |
|---|---|---|---|
| 港口规划状态专题图 | 港口行政管理部门业务操作人员 | 将港口岸线规划信息在电子地图上展示，用户可以单击查询港口岸线规划的详细信息 | 港口岸线规划位置及描述信息通过港口规划信息维护工具进行录入维护 |
| | | 将港口港区规划区域在电子地图上展示，用户可以单击查询港口港区规划区域的详细信息 | |
| 港口规划图备案 | 港口行政管理部门业务操作人员 | 将不同规划类别和不同规划时间的原始规划图进行备案管理，备案管理的规划图可以按规划类别和规划时间查询与浏览 | 规划图的格式复杂多样，对原始规划图只进行备案管理，不做格式转换 |
| 港口规划信息维护 | 港口行政管理部门业务操作人员 | 对重点关注的港口规划信息提供维护功能，可以在地图上交互增加港口规划区域以及描述信息，以便与现有的港口电子地图进行对比分析 | |

（4）港口建设状态专题图层展示

港口建设状态专题图层支持在地图上浏览辖区港口建设项目的相关信息，用户可以通过在地图上单击的方式查询港口建设项目的详细业务信息，具体分为图6-8所示的两部分信息。

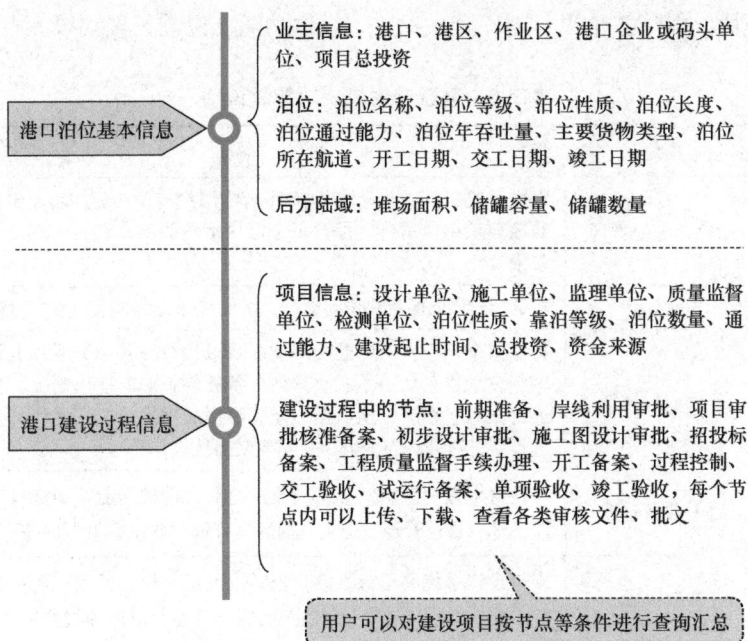

**图6-8 港口建设状态专题图层展示的信息**

### 6.2.7.4 统计数据图层展示

统计数据图层展示模块提供以下信息。

① 水上运输船舶艘数与同比增减幅度，集装箱船舶艘数和同比增减幅度。

② 水路运力结构：按运输区域和用途划分。

③ 港口装备：港务船舶艘数、港区铁路线长度、港区输油管线长度、生产用装卸机械数量。

④ 水路运量：客运量、货运量、周转量、平均运距、水运集装箱运量、远洋运输量。

⑤ 港口吞吐量：货物吞吐量、集装箱吞吐量、危货吞吐量。

⑥ 航道交通量：日平均交通量、同比环比等。

### 6.2.7.5 系统管理模块

平台的系统管理模块是对用户、系统运行、后台更新、服务发布等进行维护管理的模块，保障整个平台的安全、稳定，具体功能及说明见表6-9。

表6-9　系统管理模块功能及说明

| 序号 | 功能 | 说明 |
|---|---|---|
| 1 | 用户和权限管理 | 提供设置窗口以设置访问GIS平台的用户管理功能，功能包括增加、修改删除用户角色、设置每个用户角色的用户名、用户口令、用户权限等 |
| 2 | 访问统计 | 根据门户网站的用户访问数据，提供统计分析和报表生成与导出功能 |
| 3 | 系统运行管理 | 提供系统运行状态的监控功能，通过运行在各个子系统上的监控程序定时采集系统中主机及其他设备硬件资源的使用情况、应用程序运行状态、系统性能数据、配置数据和网络状况，并将其上传到服务器端进行分析与处理，从而实时监控系统 |
| 4 | 地图数据管理 | 提供对地理信息空间数据的集成与统一管理功能，功能包括更新入库管理、目录管理、历史数据版本管理和数据索引管理等 |
| 5 | 参数设置 | 支持设置系统的运行参数，包括设置工具栏、长度、面积单位、系统界面、图形符号等与系统运行状况和运行效果等相关的参数 |
| 6 | 日志管理 | 提供日志管理窗口，记录当前使用用户的名称、每一项操作内容、操作时间、用户登录计算机名称、IP地址等信息，同时提供删除、清空等管理日志的功能 |
| 7 | 数据备份和恢复 | 提供系统数据库的备份和恢复，以保证系统安全可靠地运行 |

# 6.3　现场执法监管系统

现场执法监管系统基于港口（航管）执法基地建设规划，依托统一的执法区域管理和数字化监控平台，以移动互联网技术、数据库技术为基础，对执法人员、执法基地、锚地码头、行政法规等进行全面监管，再结合智能化 App，实现巡航上报流程化、隐患排查智能化，使执法行为快捷高效，审批反馈及时有效，从而实现对执法区域、过程、管理等的多维追踪。

辖区内的船舶航行、停泊和作业等情况能够通过一系列信息化手段一一对应地实时传送到指挥中心的监控显示器上。通过显示器，执法人员能实时监控辖区内的现场情况，同时，执法人员能够及时发现问题并到达现场快速处理违法行为。

该系统具体包括以下模块。

**1. 执法装备管理模块**

执法装备管理模块是对执法监察过程中使用的器械、装备（包括执法艇、执法车辆、通信工具、配备衣着、安全防护器械等）进行统一的申请、管理，并记录执法装备目前的使用情况、空闲情况，以便调度的模块。执法装备管理功能模块主要有执法艇管理子模块、执法车辆管理子模块、执法服装定制管理子模块、执法装备使用管理子模块，具体说明见表6–10。

表6–10　执法装备管理模块的功能模块及其说明

| 序号 | 功能模块 | 说明 |
| --- | --- | --- |
| 1 | 执法艇管理子模块 | 主要功能有执法艇的调度管理、执法人员对执法艇的使用申请、执法艇管理人员对车辆使用进行审批、执法人员和执法艇的任务绑定与解绑定，通过执法艇上的船载终端设备，指挥中心执法人员的移动终端可定位现场执法人员和执法艇位置 |
| 2 | 执法车辆管理子模块 | 主要功能有执法车辆的库存管理、执法人员对执法车辆的使用申请、车辆管理人员对车辆使用进行审批、执法人员和执法车辆的任务绑定与解绑定，通过执法车上的车载终端设备，指挥中心执法人员的移动终端可定位现场执法人员和车辆位置 |
| 3 | 执法服装定制管理子模块 | ① 执法人员根据服装尺寸及规格进行执法服装申请，包括夏装、春秋装、冬装、工作执勤服、制服帽、作业帽等。<br>② 执法服装申请审批：库存的服装，如有执法人员进行申请，服装保管人员可以进行审批通过操作。<br>③ 执法服装库存管理：对以上服装种类和相应尺寸的库存进行管理，服装保管人员相应调整入库和出库时数量，当库存不足时无法进行服装申请，当库存紧缺时要提前预警进行采买。<br>④ 统计查询功能：对于出库、入库的服装支持历史查询和数据统计功能 |
| 4 | 执法装备使用管理子模块 | 主要功能有执法装备的库存管理，执法人员对执法装备的使用申请，执法装备管理人员对装备使用进行审批 |

**2. 执法基地管理模块**

执法基地管理模块的功能是建立统一的执法基地信息管理体制，健全执法基地管理手段。管理的内容包括地理位置信息、自然条件信息、巷道现状信息管理、港口现状信息等基础信息，还包含执法艇信息、车辆信息、执法装备信息等附属信息。执法基地管理模块通过流程化的管理手段实现对执法基地资源的有序管控，通过集中管控、网格化管理、流程化管理，实现对执法装备的管理，包括对执法艇、执法车辆申请、执法服装定制、执法装备申请、执法基地、执法队伍等的管理。基地指挥中心通过执法基地管理系统或移动平台 App 将执法任务下达至执法人员，执法人员接到通知后，在基地获取执法装备，进行现场执法。执法人员执法完成后可通过移动平台 App 或执法基地管理系统电脑终端上传执法结果和相关信息，并通知指挥中心进行返回靠泊操作。

### 3. 锚地监控管理模块

锚地监控管理模块的功能说明见表 6-11。

表6-11 锚地监控管理模块的功能说明

| 序号 | 功能 | 说明 |
|---|---|---|
| 1 | 锚地区域图形化管理 | 通过GIS直观显示锚地的基本信息，以及获取停泊在锚地区域的船舶信息 |
| 2 | 锚地停泊管理 | 结合CCTV的监控数据，对进出锚地的船舶记录进行维护和管理方便相关人员，了解锚地吞吐能力 |
| 3 | 锚泊调度指挥 | 根据锚地的吞吐情况，以及船舶停靠需求，实现锚地资源的合理配置 |
| 4 | 锚泊值班检查及维护 | ① 安排加强锚泊船值班检查，在夜间和特殊天气情况做到勤核锚位，防止船舶走锚；<br>② 监督锚地建设单位、经营管理单位加强锚地标志的维护和保养，定期维护锚地水深 |

### 4. 码头监控管理模块

码头监控管理模块通过 GIS 显示方式，结合 AIS 数据、CCTV 的监控数据、专题上报数据等数据，实现对码头的监控管理，监控管理包括船舶入港监控、船舶停靠规划、船舶停靠通知等。

当船舶从航道进入港区时，系统可接收船舶进港通知，系统自动关联显示该船舶的基本信息、货物情况等，并通过智能分析业务模块自动告知该船舶可停靠的泊位地点及港区内行驶路线。

系统提供信息比对业务的应用，通过船舶名称，系统可与船舶管理系统、危货作业申报系统的数据匹配，并获取该船舶的信息，如危货作业品名、吞吐量、海事危货签证数据等，同时配合码头泊位的视频监控数据，有效监管船舶安全作业。

### 5. 预警通告模块

预警通告模块利用 AIS 数据预警通告船舶进港 / 停靠、执法管理区域内货物作业 / 运输、港区外道路运输等船舶情况，如发生异常，操作人员可将异常告警信息推送至相应执法基地的执法管理人员的移动平台上，执法管理人员可通过 App 接收相应的任务通知。

### 6. 行政执法管理模块

操作人员可通过行政执法管理模块实时监控船舶进港 / 停靠状态、港区内货物作业 / 运输、港区外道路运输等情况，当出现异常时，操作人员可通过网站、移动平台 App 将异常告警信息推送给相应执法基地的执法管理人员。执法管理人员接到通知后赶到现场进行执法。

当出现应急事件及险情时，网格化监控管理人员可以通过任务推送的方式，通知相应执法基地的执法人员，执法人员可通过移动平台进行应急预案获取和应急资源调度，并通过移动平台与网格化监控系统的管理人员保持密切联系，执法结果可实时被记录并存储于系统后台数据库中，也可通过蓝牙连接打印机直接在现场打印。模块的详细功能主要包括以下几点。

① 行政执法处罚流程的办理。

② 登记受理 / 询问笔录：工作人员将行政执法案件录入系统中。

③ 立案 / 立案审批：初查核实之后，按要求输入相关的案由和执法人员及意见，录入有效证据，选择正确的行政执法案件承办对象以取得最佳办理结果。

④ 提供处理建议。

⑤ 案件审查：审查案件。

⑥ 重大案件集体讨论记录：业务部门进行集体讨论。

⑦ 行政案件处罚报批：审查案件，对处罚建议进行审批。

⑧ 行政处理决定：根据以上环节制订处罚决定。

⑨ 违法行为通知：将行政处罚决定告知被执法人。

⑩ 被执法人提交陈述申辩书：被执法人就违法行为通知进行申辩或接受处罚决定。

⑪ 送达：将行政处罚决定书、行政处罚缴款通知书以及凭证等送至被执法人。

⑫ 执行：填写执行情况。

⑬ 结案：填写处理情况和结案建议等。

**7. 移动式现场执法监管模块**

移动式现场执法监管模块包括以下几个子模块。

（1）用户管理子模块

用户管理子模块的功能包括以下几点。

① 编辑用户信息：修改用户姓名、手机号、出生年月、登录密码、工作单位、工作部门等。

② 修改密码。

③ 实现执法基地管理部门、用户在移动平台上的集成，并支持用户搜索查询。

（2）信息搜索子模块

信息搜索子模块实现对人员信息、建设管理系统、货作业申报等信息的搜索；实现业务系统数据资源的整合，用户能实时搜索辅助信息，如从建设管理系统查询码头规划图、施工验收图等信息，从安全系统查询危货作业申报、隐患记录等信息。

（3）执法管理子模块

执法管理子模块的功能说明见表6-12。

表6-12　执法管理子模块的功能说明

| 序号 | 功能 | 说明 |
| --- | --- | --- |
| 1 | 安全隐患查询 | 查询隐患排查的历史记录，如编号、流程名称、发起人、发起时间、结束时间、描述等 |
| 2 | 安全事故上报 | ① 移动终端上报：上报人、位置、事故说明、现场图片、视频、事故时间。辅助执法人员在现场进行执法监管信息录入，执法人员现场督察时，可通过移动执法终端进行信息填报、取证、拍照、图片或视频上传。信息填报时具有语音识别输入功能，同时具备数据离线保存和数据在线同步功能。<br>② 接收确认：接收系统发来的安全事故信息，并进行确认 |
| 3 | 事件上报 | ① 终端上报：上报人、位置、事故说明、现场图片。<br>② 接收确认：接收系统发来的事故信息，并进行确认 |

（续表）

| 序号 | 功能 | 说明 |
|------|------|------|
| 4 | 工作指令部署 | 实现船舶进港/停靠/作业通知，做到信息互通；针对预警及违章时的行政执法人员去现场进行安排与通知，处理预警及违章 |
| 5 | 工作提醒管理 | 终端接收系统发来的工作提醒，向系统反馈已接收 |
| 6 | 对接数据呈现 | ① 对接GIS平台：执法基地、锚地、码头信息能在GIS平台上展示，规划建设管理人员能从手持终端信号源准确定位现场执法监管人员的现场位置，从而判断现状和进行规划。<br>② 对接水路运输监督检查管理系统：现场监管时，执法人员手持终端记录的资料，可以同步到处理系统中，自动生成台账 |

# 6.4 运行监测和辅助决策系统

运行监测和辅助决策系统提供标准的扩展接口，提供运行监测、安全监控、现场执法管理监督、服务监督、船舶定位等监控手段和业务数据分析措施，快速启动应急措施以便及时地处理安全隐患和应急事件，从而预防安全事件的发生，全面把握运行状况安全与否。

运行监测和辅助决策系统主要包括日常监测和决策辅助功能及重点主题的监测分析功能。

**1. 日常监测和决策辅助功能**

日常监测和决策辅助功能可实现对港口与航运业务日常所需填报及监测数据的科学归纳及分析，通过数据分析和数据比对等方式，消除各部门重复填报数据信息的现象，利用系统智能地分析业务模块从而判断企业输入的信息和自动输入的信息是否正确，以避免错误的数据信息输入。录入的数据经过智能组合及归类，自动生成各业务部门所需要的数据报表，具体字段、格式可根据相关部门的要求进行定制。

系统可满足扩展性需要，当产生新的业务监测数据表时，系统可配置新的分析需求，将所需字段融入日常监测和决策辅助平台，从而生成新业务数据监测及决策表。

2. 重点主题的监测分析功能

重点主题的监测分析功能被用于对港口与航运的动态、静态数据进行采集、分析、挖掘、展示，同时生成相应的建议信息。重点主题的监测分析功能根据数据运行的监测需求，在运行监测平台中划分几个重点关注板块，进行实时数据监测分析或累计分析，具体见表6-13。

表6-13 监测分析功能的重点关注板块说明

| 序号 | 板块 | 说明 |
|---|---|---|
| 1 | 水运信息决策支持 | 基于运输信息决策支持需要，提供区域运力分析、安全形势分析、执法稽查分析、基础设施建设规划等数据信息 |
| 2 | 行业发展决策分析 | 包括对水运行业经济数据、水路客运、货运等数据信息的分析，并生成相应的报表对运行状况进行评价和预测 |
| 3 | 企业诚信查询 | 通过获取相关企业的经营数据，形成企业诚信记录汇总表，并自动为企业诚信情况进行打分，最终形成企业诚信记录系统 |
| 4 | 能耗监测 | 通过外部数据域源提供的数据进行实时能耗监测 |

# 6.5 综合指挥调度系统

综合指挥调度系统建设的目的是指以港航应急指挥中心为枢纽，以各级管理部门和经营港口企业为节点，实现快速调度、信息共享的通信网络，其能保障应急处置中所需要的信息采集、指挥调度和过程监控等通信任务。

## 6.5.1 综合指挥调度系统的总体设计

综合指挥调度系统的总体架构如图6-9所示。

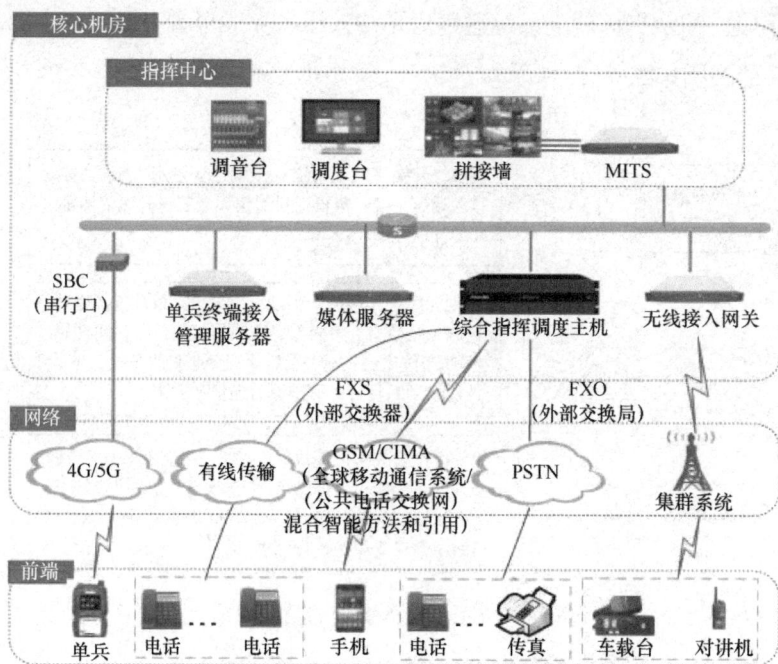

**图6-9 综合指挥调度系统的总体架构**

综合指挥调度系统提供各类接口模块，如环路中继接入模块、短信接入模块、音频接入模块、用户接入模块，实现与各类语音终端的互联互通；提供无线接入网关，以接入无线对讲系统，实现有线和无线的融合通信；提供音频呼叫接口、会议接口、录音接口、视频监控接口、传真接口、短信接口、预案接口，支持软件开发工具包（Software Development Kit，SDK）、WebService 二次开发接口，具体的业务应用需另行开发。系统通过现代化的信息技术服务将调度台的各场景界面同步呈现至大屏，大屏呈现与调度台操作相互独立，实现直观高效的调度指挥工作。系统还可将音频、视频、图形进行融合和联动，形成一体化的协作管理作用，从而提升综合指挥调度的能力。

## 6.5.2 综合指挥调度系统的接入功能

### 1. 语音接入功能

语音接入模块是综合指挥调度系统的核心模块，是迅速下达命令、协同指挥的有效手段。综合指挥调度系统通过语音接入设备完成语音互联互通，语音接入模块的功能说明如图 6-10 所示。

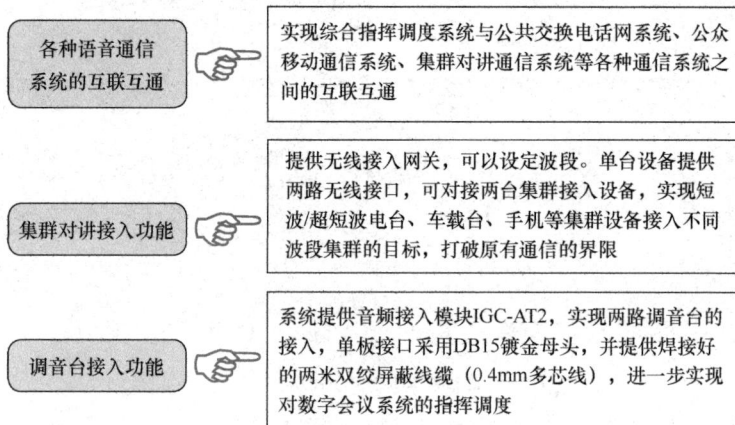

图6-10　语音接入模块的功能说明

2. 视频监控接入功能

综合指挥调度系统可以接入视频监控信息，支持 H.264、动态图像专家组（Moving Picture Experts Group，MPEG）、MPEG-4 等视频格式。

视频监控接入模块应具有标准化接口，支持多种标准化协议，支持 2048 路视频接入和管理等功能。前端视频监控系统建设时间和标准可能不一致，综合指挥调度系统采用 3 种接入方式接入视频，如图 6-11 所示。

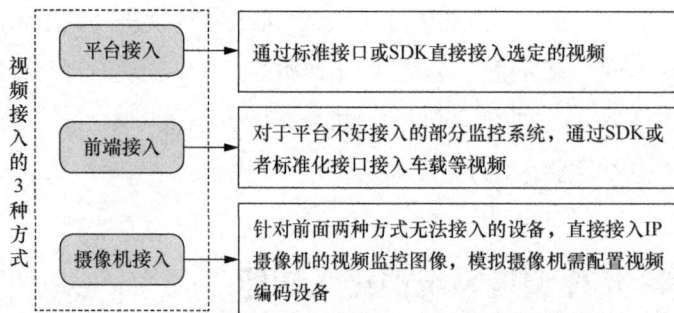

图6-11　视频接入的3种方式

### 3. 单兵终端接入管理功能

综合指挥调度系统可实现 4G/5G 单兵（手持式、头盔式）终端接入，实现对现场人员的调度，以及单兵终端现场情况的展示。

单兵系统具有便于携带、快速移动、快速部署及快速使用的特点，在综合指挥调度过程中，具有不可或缺的作用。

### 4. 数据业务接入

综合指挥调度系统应内置 GSM/CDMA 模块，通过调度台实现语音中继、短信单发／群发、短信接收等功能。短信业务应包含对接设备告警信息收发、短信回执、通知下发等功能。

# 第7章

# 港口危险货物安全
# 管理体系的建设

　　我国国民经济和对外贸易正持续稳定地发展。我国水运行业得到了前所未有的高速发展。相应地，船运危险货物的种类和数量也在不断增长，港口重大危险源及重大事故隐患也呈上升趋势，给港口安全生产带来严峻的考验。目前，政府对于智慧港口更为关注的方向是港口智慧物流、港口危险货物安全管理体系等方面的建设。

# 7.1 港口重大危险源监管

## 7.1.1 港口重大危险源辨识

2009 年，我国颁布了重大危险源辨识标准 GB18218—2009《危险化学品重大危险源辨识》，这是我国辨识重大危险源的依据和方法。

重大危险源是指长期地或临时地生产、加工、搬运、使用或储存危险物质，且危险物质的数量等于或超过临界量的单元，同时规定了判别重大危险源的物质临界量和方法。

结合港口装卸作业的特点，参照国家标准和规定，港口区域内会存放重大危险源的场所主要包括危险品（泛指油品、液化气、液体危险化学品）贮罐区、危险品箱堆场、危险品仓库、灌桶间等。但由于危险品码头（特指散装液货码头）的特殊性，当危险化学品船舶靠泊装卸危险化学品时，由于其装卸量将远大于标准规定的临界量，故在此将危险品专用码头纳入港口重大危险源的监管范围。以上这些场所是否构成重大危险源，主要看其储存危险源的数量是否达到临界量。如果港口区域内储存的危险源货物数量较大，容易超出重大危险源辨识标准的临界量，那么，会威胁港口的安全。

## 7.1.2 港口重大危险源监管现状

我国港口行政管理部门已初步建立了以港口危险货物作业申报与作业现场监管、日常安全检查与强化企业管理相统一的港口重大危险源安全监管体系，主要监管手段包括以下几点。

### 7.1.2.1　危险货物港口作业安全评价

根据《危险化学品安全管理条例》《港口危险货物安全管理规定》等相关规定，在港口从事危险货物作业的企业必须定期开展危险货物港口作业安全评估工作，分析危险因素、辨识重大危险源、查找事故隐患，并在此基础上，提出整改措施，加强安全管理，以避免重大事故的发生，针对评价中发现的重大危险源，相关企业则应根据《中华人民共和国安全生产法》等相关法律、法规的要求，对重大危险源登记建档，定期检测、评估、监控，并制订应急预案，报相关部门备案。

### 7.1.2.2　危险货物港口作业认可

根据《中华人民共和国港口法》等法律、法规的规定，港口应设立危险货物作业准入门槛，只有满足相关法规要求、符合港口危险货物装卸作业条件并通过危险货物港口作业安全评价的企业，由港口行政管理部门发放危险货物港口作业认可审批。行政管理部门应明确审批通过作业的企业可能进行的港口装卸作业的危险货物种类，并要求企业严格遵守要求，严禁装卸、储存未经认可的危险货物。

### 7.1.2.3　危险货物港口作业申报

根据《中华人民共和国港口法》《港口危险货物安全管理规定》等法律、法规的规定，从事危险货物港口作业的企业在危险货物作业前，应当申报作业，将相关作业信息（如危险货物品名、数量、物理性质和化学性质、作业地点和时间、安全防范措施等）向港口行政管理部门报告，未经港口行政管理部门同意，企业不得进行危险货物港口作业。

### 7.1.2.4　现场监管

针对危险性较大的危险货物港口作业或属于重大危险源的作业场所，港口行政管理部门根据需要进行现场监管，强化危险货物作业现场的安全管理措施和应急措施，防止重大事故的发生。

### 7.1.2.5　安全检查

港口行政管理部门依法开展安全检查，检查港口危险货物作业场所和重大危险源所采取的安全措施是否到位，配备的应急设备是否满足要求，对所发现的安全隐患、违章作业等提出整改意见，要求企业及时改正。

港口行政管理部门通过开展危险货物港口作业安全评价、港口重大危险源备案、危险货物作业认可，结合现场监管、安全检查等监管方式，在促进重大危险源的安全运行及危险货物的正规装卸方面起到了积极作用，有效维护了港口区域内的正常生产。

# 7.2　港口重大危险源安全监管体系的构成

重大危险源安全监管体系应包括完善的法律和法规、职责明确的安全监管机构和有效的安全监管技术手段。目前，我国已建立起以《中华人民共和国安全生产法》《危险化学品安全管理条例》等为核心的法律、法规，并明确了综合安全监管部门、行业主管部门的重大危险源监管职责。但是，当前如何改进现有重大危险源监管模式和监管手段、进一步建立高效的重大危险源安全监管系统值得进一步研究探讨。

根据《中华人民共和国安全生产法》《中华人民共和国港口法》《危险化学品安全管理条例》等法律、法规的相关要求和安全监管机构的现实需求，结合现有港口的安全管理模式和重大危险源的监管现状，港口相关部门非常有必要完善重大危险源安全监管系统，包括日常的重大危险源监管和重大事故应急决策的支持功能。

（1）港口重大危险源辨识评估系统

港口应开展重大危险源辨识、普查及风险评估工作，依据法律、法规，识别港口区域内的重大危险源，明确港口区域内重大危险源的类型、数量、分布、周边环境等基本信息，建立港口区域内重大危险源的信息数据库。港口需要建立危险化学品事故模型，研究分析港口重大危险源潜在的危险危害程度，开展港口重大危险源分级评估研究，建立港口重大危险源的分类分级系统。

（2）危险化学品信息管理系统

作为港口重大危险源安全监管系统的重要组成部分，危险化学品信息管理系统应具备建立危险货物知识库的功能。该功能可为港口危险货物的正确装卸、储运作业提供必要的信息支持，为港口行政管理部门行使重大危险源安全监管职能和重大事故应急救援行动提供必要的帮助。

（3）港口重大危险源日常管理系统

根据相关法律、法规要求，港口须建立重大危险源日常管理系统，强化港口危险货物作业企业的日常监管。该系统主要包括以下几个模块：

① 港口重大危险源的基本信息填写；

② 港口危险货物的作业申报；

③ 对港口危险货物作业企业的安全检查记录现场监管；

④ 对港口危险货物作业企业的现场监管记录。

（4）港口重大危险源监控系统

港口利用区域内重大危险源或危险货物作业场所建立视频监控系统，将港口区域内的危险货物作业现场监管与视频监控系统和港口重大危险源信息系统整合，有效地提高了港口区域内重大危险源的日常监控和重大事故现场的监管能力，为港口重大危险源的安全监管提供了有效的手段。

（5）港口重大危险源事故应急管理系统

港口除了加强对重大危险源的日常监管外，还应建立港口重大危险源事故应急管理系统，以提高港口管理部门的重大事故应急救援的能力，因此，有必要根据港口区域内重大危险源的类型、数量、分布情况等，建立港口重大危险源事故应急管理系统，包括以下几部分内容：

① 建立港口应急组织机构和应急救援的运行机制；

② 完善港口区域的应急资源的规划布局；

③ 建立港口重大危险源事故的专职（或兼职）应急救援队伍；

④ 制订港口重大危险源事故应急预案。

（6）港口重大危险源地理信息系统

港口地理信息系统是港口重大危险源安全监管体系的基础平台，是实现港口重大危险源安全监管和事故应急决策的基石。港口重大危险源地理信息系统通常由空间数据库和属性重大危险源数据库构成，基本内容包括以下几部分：

① 港口区域内重大危险源的数量和分布情况；

② 应急资源、消防人员的位置和数量；

③ 港口区域的基础空间信息（如河流、山川、道路和桥梁等）。

港口行政部门可以利用现有的信息技术、网络技术，建立基于港口地理信息技术和网络结构的港口重大危险源安全监管体系，加强对港口重大危险源的日常监管和重大事故应急管理。

# 7.3 港口危险货物安全监管信息化系统建设

2017年1月5日，交通运输部印发《港口危险货物安全监管信息化建设指南》（以下简称《指南》），《指南》从建设内容、功能和要求等方面，为港口危险货物经营人的信息系统建设提供参考。这是交通运输部开展的一项具体举措，对规范和推进各地交通运输（港口）管理部门港口危险货物安全监管信息系统（以下简称系统）的建设，促进信息共享和业务协同，着力提升安全监管和应急能力有着指导意义。

《指南》包括总则、系统功能、信息资源要求、系统建设要求和附件共5个部分。

## 7.3.1 总则

（1）总体目标

《指南》总则的总体目标有以下6点内容：

① 所在地港口行政管理部门全面、及时、准确地掌握港口经营人的基本信息和危险货物港口作业的信息，做到摸清底数、心中有数，实现动态监管；

② 所在地港口行政管理部门开展危险货物港口作业在线审批、安全监管和执法活动，提高工作效能，实现监管过程和履职情况的"痕迹化"；

③ 所在地港口行政管理部门督促港口经营人、管理部门切实履行安全生产责任；

④ 所在地港口行政管理部门促进部门间、部门和企业之间的信息交换与共享，提高安全管理水平；

⑤ 所在地港口行政管理部门提升危险货物港口作业的安全监测、预警及事故应急反应处置能力，有效的防控风险；

⑥ 所在地港口行政管理部门实现港口危险货物信息的大数据分析管理，提供相关的数据支持和决策依据。

（2）业务构架

《指南》中港口危险货物安全监管信息化系统业务的构架如图 7-1 所示。

**图7-1 港口危险货物安全监管信息化系统业务的构架**

## 7.3.2 系统功能

系统功能包括 11 个功能模块，系统功能框架如图 7-2 所示。

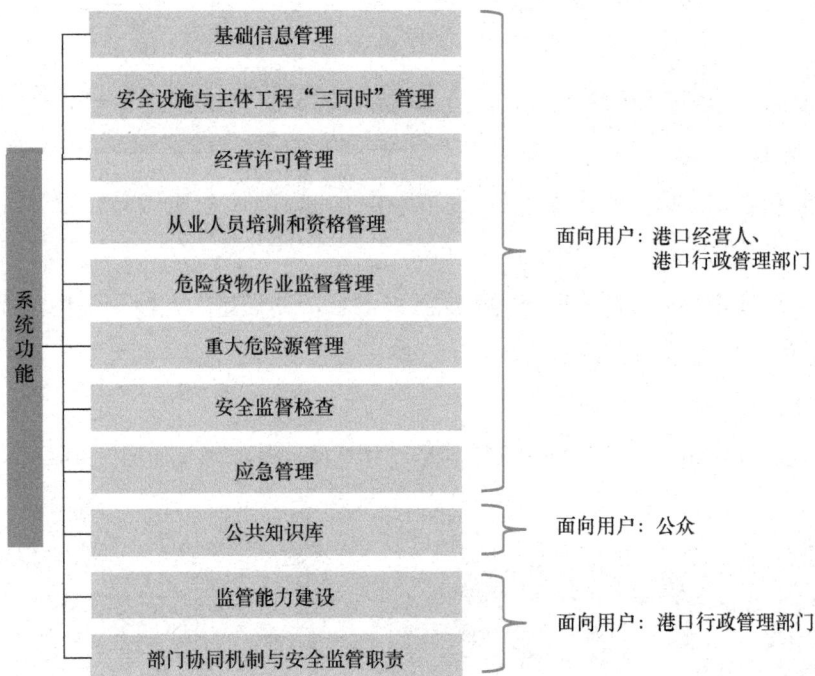

**图7-2 系统功能架构**

系统应具备信息管理、业务处理等基本功能，实现基础信息数据的采集，有条件的地区可增加空间数据相关功能和相关信息的采集。

### 7.3.2.1 基础信息管理

（1）基础信息管理

基础信息实行动态更新管理，可列出需重点监管的港口经营人名单，并具备基本信息多条件查询、统计汇总的功能。

（2）管理制度信息管理

港口经营人在该模块上可填报、更新、管理相关的安全管理制度。所在地港口行政管理部门可对港口经营人填报的管理制度文件进行监管、多条件查询和统计汇总。

（3）设备设施信息管理

港口经营人在该模块上可填报、更新、管理与设备设施相关的信息。所在地港口行政管理部门可对港口经营人填报的相关信息进行监管、多条件查询和统计汇总。

设备设施信息应包括码头、储罐、仓库、堆场、管线及其相关附属设施的信息。

## 7.3.2.2  安全设施与主体工程"三同时"管理

（1）安全条件审查

所在地港口行政管理部门在该模块上对港口经营人上报的信息进行审核、反馈、存档、多条件查询和统计汇总。

（2）安全设施设计审查和相关建设工程消防设计审核

港口经营人在该模块上将所需的资料进行上报，所在地港口行政管理部门或消防机构对港口经营人上报的信息进行审核、反馈、存档、多条件查询和统计汇总。

（3）安全设施竣工和相关建设工程消防验收或备案

港口经营人可在该模块上备案安全设施、消防设施竣工的验收情况。所在地港口行政管理部门或消防机构对港口经营人上报的信息进行审核、反馈、存档、多条件查询和统计汇总。

## 7.3.2.3  经营许可管理

港口经营人可在该模块上对港口经营许可证、港口危险货物作业附证进行申报、变更、换证和年审；所在地港口行政管理部门对港口经营人上报的信息进行审核、反馈、存档、多条件查询和统计汇总。

## 7.3.2.4  从业人员培训和资格管理

（1）安全生产教育培训

港口经营人可在该模块上登记、管理员工的安全生产教育培训计划等信息；所在地港口行政管理部门对港口经营人登记的信息进行监管、存档、多条件查询和统计汇总。

（2）人员从业资格管理

港口经营人可在该功能模块上登记、管理员工从业资格证书的信息。所在地港口行政管理部门对港口经营人登记的信息进行监管、存档、多条件查询和统计汇总。

### 7.3.2.5　危险货物作业监督管理

港口经营人可在该功能模块上申报、管理危险货物作业情况。所在地港口行政管理部门对港口经营人申报的作业信息进行监管、审批、存档、多条件查询和统计汇总。

系统应建立危险货物作业基础数据库。申报作业信息包括危险货物种类、次要危险性、品名、数量、理化特性、UN（United Nations，联合国编号）号、CAS（Chemical Abstract Service，美国化学文摘社登记号）号、包装、安全防范措施、消防应急措施、存放地点、作业地点和时间、货主和船舶等信息。

系统应具备对作业信息中的危险货物种类与港口危险货物作业附证，作业种类进行自动对比的功能，给出对比结果，对超范围作业的种类、超量作业、超期作业、违规作业等异常作业进行明确预警。

系统应具备支持接入作业场所、区域的视频监控的能力，所在地港口行政管理部门可通过视频实时查看作业场所、区域的情况。

### 7.3.2.6　重大危险源管理

港口经营人可在该功能模块上对重大危险源进行登记建档、申报备案。所在地港口行政管理部门对登记的重大危险源信息进行监管、动态管理，对备案的重大危险源进行反馈、多条件查询和统计汇总等。

### 7.3.2.7　安全监督检查

（1）现场检查

安全监督检查应形成"检查—整改—反馈—确认"的闭环流程。所在地港口行政管理部门可在该功能模块上对年度检查计划、现场检查、执法情况进行登记和管理，具体包括登记检查结果和下发整改通知书、验收整改结果等行政处罚。

港口经营人应接收整改通知书等行政处罚、上报整改结果、申请整改结果验收等。

对于整改不到位、未按期整改的港口经营人，系统应给予提醒。

所在地港口行政管理部门可在该功能模块上对现场检查信息进行多条件查询和统计汇总。

（2）隐患排查

港口经营人整理隐患排查治理制度、隐患排查信息、隐患整改和内部验收、隐患治理情况并在该功能模块上登记和上报等，形成隐患排查治理台账及档案。所在地港口行政管理部门对隐患排查信息进行监管、存档，对重大隐患进行挂牌督办。

对于不符合要求、重大隐患未及时消除的港口经营人，系统应给予提醒。

所在地港口行政管理部门可在该功能模块上对隐患排查信息进行多条件查询和统计汇总。

### 7.3.2.8　应急管理

（1）应急信息管理

港口经营人可在该功能模块上登记、管理应急资源、培训、演练等信息。所在地港口行政管理部门对港口经营人相关信息进行监管与存档，汇总分析应急信息并形成应急资源数据库。

① 应急值守。港口经营人登记应急值守机构、人员和应急通信方式等信息，并确定相关人员可接收相关应急指令并给予反馈。所在地港口行政管理部门对应急值守机构和人员、应急通信方式等信息进行登记，对港口经营人的相关信息进行监管与存档，可发布应急指令、接收反馈信息。

对于未进行登记等不符合要求的港口经营人，系统应给予提醒。

② 应急预案。港口经营人对危险货物事故的应急预案进行申报备案。所在地港口行政管理部门对备案的危险货物事故的应急预案进行监管、动态管理，支持多条件查询、统计汇总。

③ 应急资源管理。港口经营人对应急管理机构、物资、装备、队伍人员等资源的数量、分布等情况进行登记、管理。所在地港口行政管理部门对相关信息进行监管与存档，汇总分析区域内的应急资源信息，形成应急资源数据库，支持多条件查询和统计汇总。

④ 应急培训及演练管理。港口经营人可在该功能模块上将日常开展的应急培训、演练等情况进行登记、管理。所在地港口行政管理部门对应急培训、演练等情况进行登记、管理、多条件查询和统计汇总，对港口经营人登记的信息进行监管与存档。

对于不符合要求的港口经营人，系统应给予提醒。

（2）应急救援体系

港口经营人可在该功能模块上将应急救援体系的信息进行登记、管理。所在地港口行政管理部门对辖区内应急体系的信息进行登记、管理、多条件查询和统计汇总，对港口经营人的相关信息进行监管与存档。

（3）应急物资储备库

所在地港口行政管理部门可在该功能模块上将港口经营人的应急物资、有关应急物资储备库等信息进行登记、管理、多条件查询和统计汇总。

### 7.3.2.9　公共知识库

公共知识库又细分为事故案例库、法规标准库、专家库、危险货物数据库。

① 事故案例库：公共知识库收集、更新维护、多条件查询、统计和汇总港口安全生产事故案例，为港口经营人提供查询服务。

② 法规标准库：公共知识库收集、更新维护、多条件查询、统计和汇总港口安全生产法律法规、标准，为港口经营人提供查询服务。

③ 专家库：公共知识库收集、更新维护、多条件查询、统计和汇总专家信息，为港口经营人提供查询服务。专家由熟悉港口安全法律法规和标准、危险货物作业管理、港口安全技术、港口工程和应急救援、消防等专业的管理和技术人员组成。

④ 危险货物数据库：公共知识库收集、更新、多条件查询、统计和汇总辖区内危险货物信息，为港口经营人提供查询服务。危险货物信息应包括港口经营人、种类、品名、储存地点、储存数量、理化特性、包装、安全防范措施和消防应急措施等信息。

### 7.3.2.10　监管能力建设

监管能力建设用于所在地港口行政管理部门的相关工作、监管能力等信息的管理。

① 安全监管制度：所在地的港口行政管理部门可在该功能模块上登记、管理安全监管制度。系统支持多条件查询、统计汇总等功能。

② 教育培训：所在地的港口行政管理部门可在该功能模块上登记、管理有关安全监管人员、执法人员的安全监管教育培训的情况。系统支持多条件查询、统计汇总等功能。

③ 安全监管机构和监管队伍：所在地的港口行政管理部门可在该功能模块上登记、管理安全监管机构和监管队伍的信息。系统支持多条件查询、统计汇总等功能。

④ 监管装备：所在地的港口行政管理部门可在该功能模块上登记、管理配备的监管检测设备、现场取证设备、监管交通工具等必要的监管装备。系统支持多条件查询、统计汇总等功能。

⑤ 应急管理与处置：

• 应急信息发布包括交通疏导、紧急疏散、事件动态和处置情况等；

• 应急预案包括港口行政管理部门登记、管理港口危险货物事故应急预案、预防自然灾害预案等应急预案和应急救援体系，系统支持多条件查询、统计汇总等功能；

• 应急辅助决策包括港口行政管理部门应具备迅速掌握事件情况、研判突发事件发展态势、形成合理处置方案和形成决策信息等功能；

• 应急指挥调度包括港口行政管理部门应具有应急资源等信息分析、应急指令发布、物资调度、人员调度、路线规划等功能。

⑥ 重大危险源：所在地的港口行政管理部门可通过该功能模块上监督港口重大危险源情况。系统支持多条件查询、统计汇总等功能。

⑦ 安全评价机构：所在地的港口行政管理部门可在该功能模块上备案、监管、存档、管理安全评价机构相关信息等。

⑧ 人员考核和从业资格：所在地的港口行政管理部门负责危险货物水路运输从业人员考核和从业资格所管理，具体工作包括编制题库、组织考核、管理报名申请与报名资料，提供成绩查询服务。

### 7.3.2.11　部门协同机制与安全监管职责

（1）部门协同机制

部门协同机制是指港口的各个安全监管信息的互联互通，主要用于所在地港口行政管理部门与海事、公安、应急管理、生态环境、海关等相关部门的沟通协作、联合执法、安全应急联动等。

（2）安全监管职责

安全监管职责是指对安全监管对象的登记、变更等工作的管理，主要用于港区内独立建设的危险货物仓库、储罐等监管对象的变更。

系统应具备添加、更新、删除、查询汇总监管对象等功能。

## 7.3.3　信息资源要求

《指南》提出了对信息资源的内容、采集、整合、共享等相关的规范要求，具体如图7-3所示。

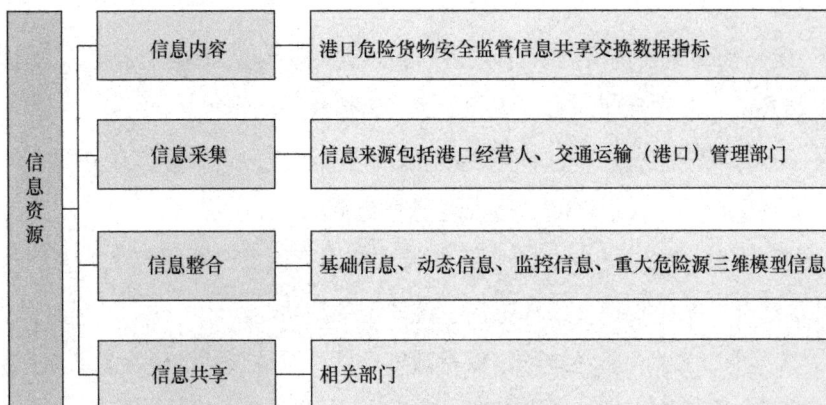

图7-3　信息资源的框架

### 7.3.3.1　信息内容

系统的主要业务内容如下。

① 危险货物港口经营人信息见表7-1。

表7-1　危险货物港口经营人信息

| 类别 | | | 主要内容 |
|------|------|------|----------|
| 1 | 港口经营人的<br>基本信息 | 空间数据 | 包含港口经营人地理坐标的电子地图 |
| | | 属性数据 | ① 行政区划<br>② 所属港区<br>③ 经济类型<br>④ 港口经营人名称<br>⑤ 港口经营人类型<br>⑥ 社会信用代码<br>⑦ 行业类别代码<br>⑧ 监管分级<br>⑨ 监管分类<br>⑩ 行政隶属关系<br>⑪ 规模情况<br>⑫ 安全标准化等级<br>⑬ 安全标准化证书有效期<br>⑭ 安全标准化评审机构<br>⑮ 安全标准化审批机关<br>⑯ 设备设施模块<br>⑰ 成立日期<br>⑱ 投资总额（万元）<br>⑲ 注册资本（万元）<br>⑳ 法定代表人<br>㉑ 法定代表人的联系电话<br>㉒ 法定代表人的电子邮箱<br>㉓ 注册地址<br>㉔ 生产/经营地址<br>㉕ 邮政编码<br>㉖ 经营范围<br>㉗ 港口经营人状态<br>㉘ 安全负责人<br>㉙ 安全负责人的联系电话<br>㉚ 安全负责人的电子邮箱<br>㉛ 从业人员信息<br>㉜ 特种作业人员信息<br>㉝ 专职安全管理人员信息<br>㉞ 专职应急管理人员信息<br>㉟ 注册安全工程师人员信息<br>㊱ 其他信息 |

（续表）

| 类别 | | | | 主要内容 |
|---|---|---|---|---|
| 2 | 设备设施信息 | 码头信息 | 空间数据 | 包含码头泊位地理坐标的电子地图 |
| | | | 属性数据 | ① 行政区划<br>② 所属港区<br>③ 所属港口经营人<br>④ 拥有形式代码<br>⑤ 水域类型<br>⑥ 水域面积<br>⑦ 码头形式代码<br>⑧ 码头用途代码<br>⑨ 泊位数量<br>⑩ 泊位名称<br>⑪ 泊位用途代码<br>⑫ 泊位服务类型代码<br>⑬ 泊位吨级<br>⑭ 泊位长度<br>⑮ 岸线长度<br>⑯ 是否装卸危险货物<br>⑰ 装卸货种名称<br>⑱ 吞吐量<br>⑲ 其他信息 |
| | | 储罐信息 | 空间数据 | 包含储罐地理坐标的电子地图 |
| | | | 属性数据 | ① 行政区划<br>② 所属港区<br>③ 所属港口经营人<br>④ 拥有形式代码<br>⑤ 储罐编号<br>⑥ 储罐容积<br>⑦ 储罐形式及结构<br>⑧ 储存温度<br>⑨ 储罐材质<br>⑩ 储存货种名称<br>⑪ 周转量<br>⑫ 储罐检测及维护情况<br>⑬ 其他信息 |

（续表）

| 类别 | | | | 主要内容 |
|---|---|---|---|---|
| 2 | 设备设施信息 | 仓库信息 | 空间数据 | 包含仓库地理坐标的电子地图 |
| | | | 属性数据 | ① 行政区划<br>② 所属港区<br>③ 所属港口经营人<br>④ 拥有形式代码<br>⑤ 仓库编号<br>⑥ 位置代码<br>⑦ 分类代码<br>⑧ 用途代码<br>⑨ 建筑形式代码<br>⑩ 结构形式代码<br>⑪ 占地面积<br>⑫ 建筑面积<br>⑬ 是否储存危险货物<br>⑭ 耐火等级<br>⑮ 火灾危险性分类<br>⑯ 储存的危险货物名称<br>⑰ 周转量<br>⑱ 危险货物的包装方式及信息<br>⑲ 其他信息 |
| | | 堆场信息 | 空间数据 | 包含堆场地理坐标的电子地图 |
| | | | 属性数据 | ① 行政区划<br>② 所属港区<br>③ 所属港口经营人<br>④ 拥有形式代码<br>⑤ 堆场编号<br>⑥ 位置代码<br>⑦ 分类代码<br>⑧ 用途代码<br>⑨ 占地面积<br>⑩ 是否储存危险货物<br>⑪ 堆存的危险货物名称<br>⑫ 周转量<br>⑬ 危险货物覆盖方式<br>⑭ 危险货物的包装方式<br>⑮ 危险货物堆存分区<br>⑯ 其他信息 |

（续表）

| 类别 | | | | 主要内容 |
|---|---|---|---|---|
| 2 | 设备设施信息 | 管线信息 | 空间数据 | 包含管线地理坐标的电子地图 |
| | | | 属性数据 | ① 行政区划 |
| | | | | ② 所属港区 |
| | | | | ③ 所属港口经营人 |
| | | | | ④ 拥有形式代码 |
| | | | | ⑤ 管线编号 |
| | | | | ⑥ 管径 |
| | | | | ⑦ 管线长度 |
| | | | | ⑧ 管线起止点 |
| | | | | ⑨ 输送压力 |
| | | | | ⑩ 输送温度 |
| | | | | ⑪ 输送货种 |
| | | | | ⑫ 敷设方式 |
| | | | | ⑬ 管线材质 |
| | | | | ⑭ 管线路由 |
| | | | | ⑮ 管线检测及维护信息 |
| | | | | ⑯ 其他信息 |

② 安全设施"三同时"信息见表7-2。

### 表7-2　安全设施"三同时"信息

| 类别 | 主要内容 |
|---|---|
| 安全设施"三同时"信息 | ① 行政区划 |
| | ② 所在港区 |
| | ③ 所属港口经营人 |
| | ④ 项目类型 |
| | ⑤ 项目名称 |
| | ⑥ 申报日期 |
| | ⑦ 申报材料 |
| | ⑧ 意见书 |
| | ⑨ 结果 |
| | ⑩ 附件 |
| | ⑪ 其他信息 |

③ 经营许可信息见表7-3。

**表7-3　经营许可信息**

| 类别 | 主要内容 |
| --- | --- |
| 经营许可信息 | ① 行政区划<br>② 所在港区<br>③ 港口经营人名称<br>④ 经营地址<br>⑤ 港口经营许可证初次领证日期<br>⑥ 证书编号<br>⑦ 准予事项<br>⑧ 发证单位<br>⑨ 港口危险货物作业证附证书编号<br>⑩ 作业区域范围<br>⑪ 作业方式<br>⑫ 作业危险货物品名<br>⑬ 证书变更日期<br>⑭ 变更内容<br>⑮ 证书换证日期<br>⑯ 相关变化内容<br>⑰ 年审日期<br>⑱ 年审情况<br>⑲ 其他信息 |

④ 从业人员培训和资格管理见表7-4。

**表7-4　从业人员培训和资格管理**

| | 类别 | 主要内容 |
| --- | --- | --- |
| 1 | 安全生产教育培训信息 | ① 行政区划<br>② 所属港口经营人<br>③ 培训主题<br>④ 培训机构<br>⑤ 培训时间<br>⑥ 参加培训人员<br>⑦ 培训结果<br>⑧ 附件<br>⑨ 其他信息 |

（续表）

| 类别 | | 主要内容 |
|---|---|---|
| 2 | 人员从业资格信息 | ① 行政区划<br>② 所属港口经营人<br>③ 姓名<br>④ 证件类型或名称<br>⑤ 证件编号<br>⑥ 所在港区<br>⑦ 人员类型<br>⑧ 职务<br>⑨ 联系电话<br>⑩ 附件<br>⑪ 其他信息 |

⑤ 危险货物作业监督信息见表7-5。

表7-5　危险货物作业监督信息

| 类别 | 主要内容 |
|---|---|
| 危险货物作业监督信息 | ① 行政区划<br>② 所在港区<br>③ 港口经营人名称<br>④ 作业类型<br>⑤ 危险货物种类<br>⑥ 次要危险性<br>⑦ 品名<br>⑧ 数量<br>⑨ 理化特性信息<br>⑩ UN号<br>⑪ CAS号<br>⑫ 包装信息<br>⑬ 安全防范措施<br>⑭ 消防应急措施<br>⑮ 存放地点<br>⑯ 作业地点和时间<br>⑰ 货主信息<br>⑱ 船舶信息<br>⑲ 受理时间<br>⑳ 签发文件及时间<br>㉑ 附件<br>㉒ 其他信息 |

⑥ 重大危险源信息见表7-6。

表7-6 重大危险源信息

| 类别 | 主要内容 |
|---|---|
| 重大危险源信息 | ① 行政区划<br>② 所在港区<br>③ 所属港口经营人<br>④ 经营地址<br>⑤ 重大危险源名称<br>⑥ 重大危险源级别（按一级、二级、三级进行分级）<br>⑦ 类型（按储罐、仓库、堆场进行分类）基本特征<br>⑧ 重大危险源评估报告编制单位名称<br>⑨ 备案申报信息<br>⑩ 备案登记信息<br>⑪ 备案告知信息<br>⑫ 备案核销申请信息<br>⑬ 备案核销登记信息<br>⑭ 备案核销告知信息<br>⑮ 附件<br>⑯ 其他信息 |

⑦ 安全监督检查信息见表7-7。

表7-7 安全监督检查信息

| | 类别 | 主要内容 |
|---|---|---|
| 1 | 重大危险现场检查信息源信息 | ① 行政区划<br>② 所在港区<br>③ 被核查港口经营人名称<br>④ 核查日期<br>⑤ 核查单位<br>⑥ 核查情况<br>⑦ 复查日期<br>⑧ 复查单位<br>⑨ 复查情况<br>⑩ 挂牌督办时间<br>⑪ 挂牌督办级别<br>⑫ 挂牌督办单位<br>⑬ 附件<br>⑭ 其他信息 |

（续表）

| 类别 | | 主要内容 |
|---|---|---|
| 2 | 隐患排查信息 | ①行政区划<br>②所在港区<br>③所属港口经营人<br>④排查日期<br>⑤排查人<br>⑥填报人<br>⑦隐患标题<br>⑧隐患来源<br>⑨隐患地点<br>⑩隐患部位<br>⑪隐患类别<br>⑫隐患描述<br>⑬隐患整改前图片<br>⑭整改期限<br>⑮整改完成日期<br>⑯整改类型<br>⑰整改责任单位<br>⑱整改责任人<br>⑲整改情况<br>⑳隐患整改后图片<br>㉑整改资金（元）<br>㉒附件<br>㉓其他信息 |

⑧应急管理信息见表7-8。

**表7-8 应急管理信息**

| 类别 | | 主要内容 |
|---|---|---|
| 应急管理信息 | 应急预案 | ①行政区划<br>②港口经营人<br>③预案名称<br>④预案类型<br>⑤附件<br>⑥其他信息 |

（续表）

| 类别 | | | 主要内容 |
|---|---|---|---|
| 应急管理信息 | 应急资源信息 | 应急管理机构 | ① 行政区划<br>② 所在港区<br>③ 名称<br>④ 级别<br>⑤ 地址<br>⑥ 联系方式<br>⑦ 附件<br>⑧ 其他信息 |
| | | 应急物资 | ① 行政区划<br>② 所在港区<br>③ 应急物资的名称<br>④ 规格<br>⑤ 数量<br>⑥ 位置<br>⑦ 附件<br>⑧ 其他信息 |
| | | 应急人员 | ① 行政区划<br>② 所在港区<br>③ 应急队伍基本信息<br>④ 人员姓名<br>⑤ 专业技能<br>⑥ 经验<br>⑦ 附件<br>⑧ 其他信息 |
| | 应急培训及演练信息 | | ① 行政区划<br>② 所属港口经营人<br>③ 应急培训计划<br>④ 培训效果<br>⑤ 培训总结<br>⑥ 应急演练计划<br>⑦ 演练方案<br>⑧ 演练总结<br>⑨ 附件<br>⑩ 其他信息 |

⑨ 公共知识库信息见表7-9。

表7-9　公共知识库信息

| | 类别 | 主要内容 |
|---|---|---|
| 1 | 事故案例库信息 | ① 行政区划<br>② 港口行政管理部门<br>③ 事故名称<br>④ 发生时间<br>⑤ 发生地点<br>⑥ 所属行业<br>⑦ 事故类型<br>⑧ 事故经过<br>⑨ 事故原因<br>⑩ 处理措施<br>⑪ 涉及危险货物<br>⑫ 危险货物数量<br>⑬ 伤亡情况<br>⑭ 财产损失<br>⑮ 伤害模型<br>⑯ 附件<br>⑰ 其他信息 |
| 2 | 法规标准库信息 | ① 类别<br>② 名称<br>③ 号码<br>④ 发布机构<br>⑤ 发布事件<br>⑥ 实施时间<br>⑦ 附件<br>⑧ 其他信息 |
| 3 | 专家库信息 | ① 行政区划<br>② 姓名<br>③ 性别<br>④ 身份证号<br>⑤ 出生日期<br>⑥ 学历<br>⑦ 职务<br>⑧ 职称<br>⑨ 工作单位<br>⑩ 联系电话<br>⑪ 专业<br>⑫ 其他信息 |

（续表）

| 类别 | | 主要内容 |
|---|---|---|
| 4 | 危险货物数据库信息 | ① 行政区划<br>② 所在港区<br>③ 所属港口经营人<br>④ 种类<br>⑤ 品名<br>⑥ 储存地点<br>⑦ 储存数量<br>⑧ 理化特性信息<br>⑨ 包装信息<br>⑩ 安全防范措施<br>⑪ 消防应急措施<br>⑫ 附件<br>⑬ 其他信息 |

⑩ 监管能力建设信息见表7–10。

**表7–10　监管能力建设信息**

| 类别 | | 主要内容 |
|---|---|---|
| 1 | 安全监管制度信息 | ① 行政区划<br>② 港口行政管理部门<br>③ 文号<br>④ 名称<br>⑤ 分类<br>⑥ 发布日期<br>⑦ 修订日期<br>⑧ 附件<br>⑨ 其他信息 |
| 2 | 教育培训信息 | ① 行政区划<br>② 港口行政管理部门<br>③ 培训主题<br>④ 培训机构<br>⑤ 培训时间<br>⑥ 参加培训人员<br>⑦ 培训结果<br>⑧ 附件<br>⑨ 其他信息 |

（续表）

| 类别 | | | 主要内容 |
|---|---|---|---|
| 3 | 安全监管机构和监管队伍信息 | | ① 行政区划<br>② 港口行政管理部门<br>③ 安全监管机构<br>④ 监管队伍名称<br>⑤ 人数<br>⑥ 附件<br>⑦ 其他信息 |
| 4 | 监管装备信息 | | ① 装备名称<br>② 数量<br>③ 用途<br>④ 其他信息 |
| 5 | 应急管理与处置信息 | 应急信息发布 | ① 行政区划<br>② 港口行政管理部门<br>③ 标题<br>④ 内容<br>⑤ 发布时间<br>⑥ 附件<br>⑦ 其他信息 |
| | | 应急预案 | ① 行政区划<br>② 港口行政管理部门<br>③ 预案名称<br>④ 预案类型<br>⑤ 附件<br>⑥ 其他信息 |
| | | 应急指挥调度 | ① 行政区划<br>② 港口行政管理部门<br>③ 突发事件基本信息<br>④ 接警处理信息<br>⑤ 应急通信<br>⑥ 指挥调度记录<br>⑦ 资源调拨记录<br>⑧ 应急处置记录<br>⑨ 其他信息 |
| 6 | 重大危险源信息 | | ① 行政区划<br>② 港口行政管理部门<br>③ 重大危险源台账<br>④ 监督检查台账<br>⑤ 其他信息 |

### 7.3.3.2 信息采集

（1）信息来源

港口危险货物安全监管系统的信息主要来源于危险货物港口经营人和交通运输（港口）管理部门。基础数据模块应充分利用现有资源，根据数据架构，做好数据资源规划，明确各项数据的具体来源，保证数据来源的唯一性，避免重复采集。

（2）信息采集方式

港口在建设该系统时要根据各类数据的形态、格式、采集条件，明确各项数据的具体采集方式。相关负责人要加强数据采集系统建设，尽量采用物联网等技术实现数据的自动化采集。系统应具备对部、省和所在地港口行政管理部门以及港口经营人的应用需求要进行统筹的功能，从而完成数据的采集、更新工作。

### 7.3.3.3 信息整合

（1）地理信息

有条件的港区可在系统功能中引入相关的地理信息，地理信息应按统一标准、统一接口、图属一体化、集中管理、集成共享的原则建设，并且要使用国家、行业的标准及规范建设全地理信息。基础图层可来源于测绘部门或电子地图服务商。

（2）动态位置信息

系统应对各种可移动的安全应急设备／设施（车船、智能感知设备等）的动态位置信息进行融合、集成，从而为港口的各类系统提供动态位置信息服务。

（3）视频监控

有条件的港区可按照相关国家、行业标准规范添加视频监控功能，整合辖区内的视频监控信息，并叠加规定字符（如视频监控点位置坐标等）、同步时间戳等信息。

### 7.3.3.4 信息共享

系统应预留数据接口，按照有关标准规范进行数据共享、传递。

## 7.3.4 系统的建设原则

系统的建设原则如图7-4所示。

| 建设原则 | | | | |
|---|---|---|---|---|
| 职责导向 | 业务协同 | 标准统一 | 架构开放 | 资源集约 |
| 根据当地港口行政管理部门的职责和体制，合理确定系统的业务需求，明确业务目标和运行模式，促进信息化条件下业务与技术的深度融合，确保系统有效地运行并发挥实效 | 构建统筹协调的港口危险货物安全监管体系，明晰港口行政管理各级部门之间、与其他行业之间的业务协作机制，保证部省、各级别行政单位的相关业务协调联动，并充分融入当地政府的应急管理体系 | 严格遵守相关国家标准、行业标准和部委组织制定的系统相关信息资源、信息交换、地理空间信息、信息服务等其他标准规范，保证各企业业务之间信息高效共享和业务有效联动，形成协调统一的有机整体 | 以保证系统可靠运行和持续发展为前提，采用开放式的架构设计，满足业务功能的扩展需要，加强与其他相关信息系统架构的统筹协调和有效融合，共建共享相关资源 | 相对集中地部署各类资源，充分集成现有的各种动态监测、通信传输、数据处理、信息服务、机房、监控场所等信息设施设备，并以需求为导向，充分整合相关信息资源、日常值守与应急处置资源，避免重复投入，以提高行业信息化的规模效益 |

**图7-4 系统的建设原则**

（1）建设要求

系统建设要求如图7-5所示。

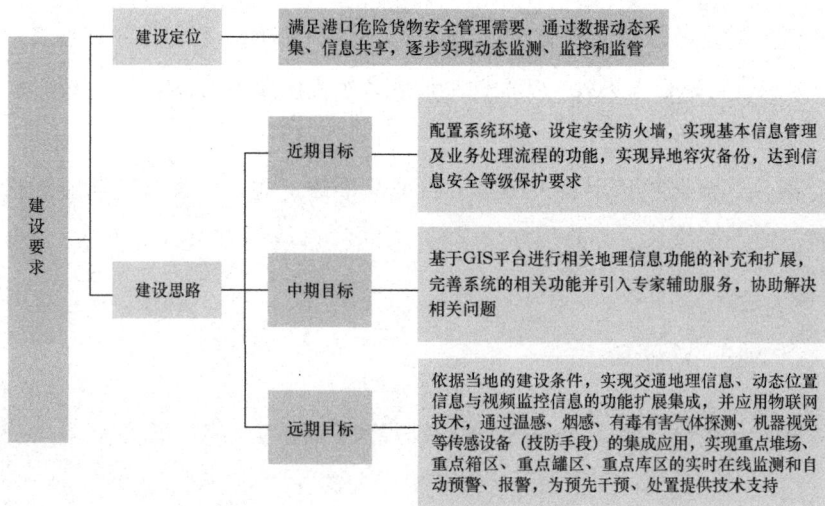

| 建设要求 | | |
|---|---|---|
| | 建设定位 | 满足港口危险货物安全管理需要，通过数据动态采集、信息共享，逐步实现动态监测、监控和监管 |
| | 建设思路 近期目标 | 配置系统环境、设定安全防火墙，实现基本信息管理及业务处理流程的功能，实现异地容灾备份，达到信息安全等级保护要求 |
| | 中期目标 | 基于GIS平台进行相关地理信息功能的补充和扩展，完善系统的相关功能并引入专家辅助服务，协助解决相关问题 |
| | 远期目标 | 依据当地的建设条件，实现交通地理信息、动态位置信息与视频监控信息的功能扩展集成，并应用物联网技术，通过温感、烟感、有毒有害气体探测、机器视觉等传感设备（技防手段）的集成应用，实现重点堆场、重点箱区、重点罐区、重点库区的实时在线监测和自动预警、报警，为预先干预、处置提供技术支持 |

**图7-5 系统的建设要求**

（2）建设思路

系统的建设思路如图7-6所示。

**图7-6　建设思路**

港口相关部门采用"全面整合、重点补充、突出共享、逐渐扩展"的策略，加强港口危险货物相关信息资源的整合，并对港口危险货物设施设备开展监测、监控，完善应急处置技术和手段。港口相关部门按照《交通运输企业安全生产标准化建设评价管理办法》和公路水路交通安全畅通与应急处置系统重大工程技术要求等有关要求，采用相关管理和数据标准规范，促进跨区域、跨部门的信息共享和业务协同。

各地根据系统建设条件，按照相关法规要求，预留数据接口，按图7-5所示制订系统建设的近期目标、中期目标与远期目标，以业务效能为导向，在基础数据补充校核、重点监测对象动态信息采集、信息共享、数据质量管控、业务运行机制优化重构等方面加强建设，务求实效。

（3）实施建议

1）明确流程（监管方式）

液态货物作业申报审批流程如图7-7所示。

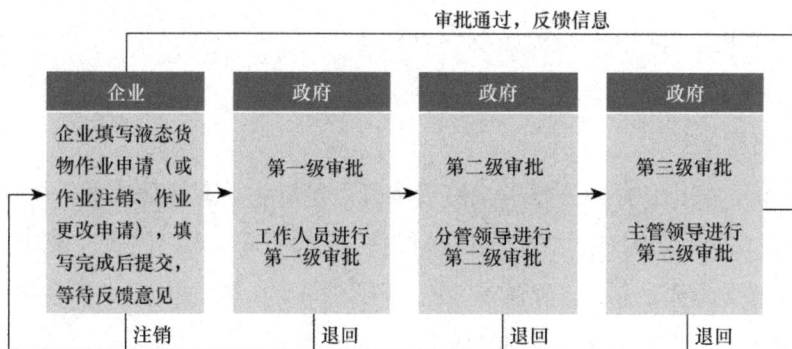

**图7-7　液态货物作业申报审批流程**

监督检查、举报投诉隐患闭合流程如图7-8所示。

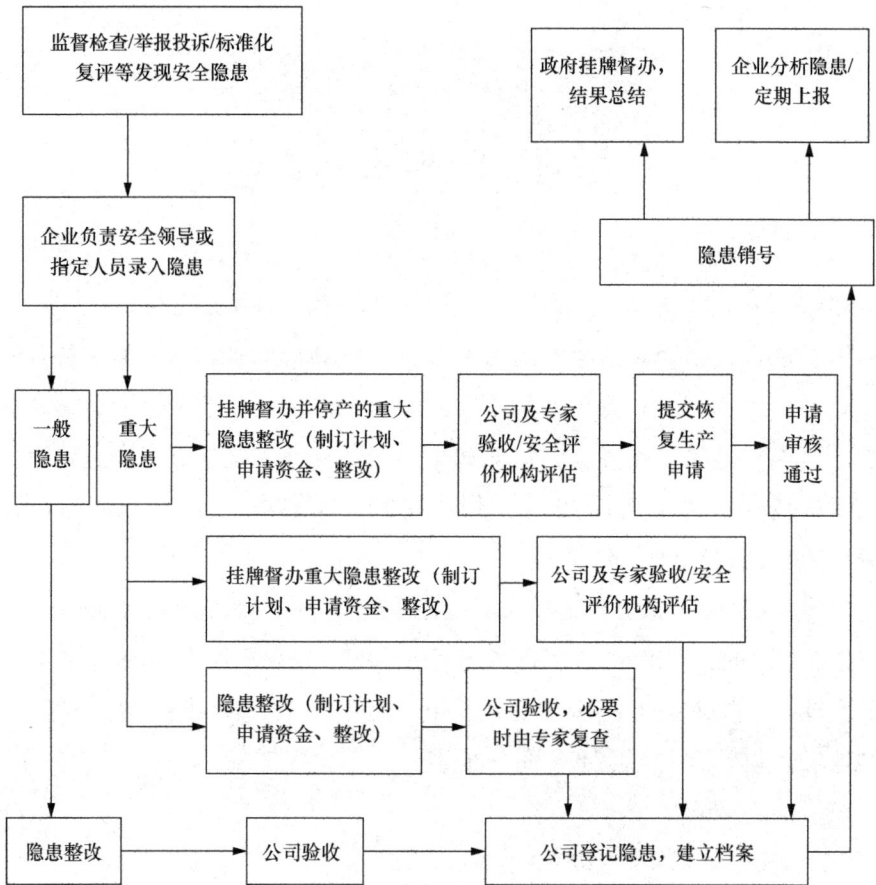

图7-8 监督检查、举报投诉隐患闭合流程

重大危险源管理工作流程如图7-9所示。

应急预案管理工作流程如图7-10所示。

2）监管留痕

《指南》指出，危险货物安全监管信息系统应该具有基础信息、行政许可、日常监管、重大危险源、应急管理等功能模块。港口行政管理部门通过该系统全面、及时、准确地掌握信息，实现监管过程和履职情况的"痕迹化"，提升预警及事故应急反应处置能力，从而有效防控风险。

```
重大危险源辨识 ──── 记录辨识过程和结果

      否
重大危险源安全 ──── 自行评估/聘请专家评估/委托
评估、确定重大        有资质的安全评价机构评估
危险源等级

重大            是
危险
源发       建立制度及规程、健全监控体
生变       登记建档、    系及监控措施、定期维护保养
化        完善管理     安全设施、确定安全责任人、
                 安全检查、安全培训、危害告
                 知、制订应急预案并演练

重大危险源核销   重大危险源备案 ──── 评估/评价报告、重大危
                      险源备案申请表、重大危
                      险源档案

                 ──── 核销申请表、核销申报材料

          (开、保、高)管   出具告知书（必要时现场核
          委会/新区应急    查），登记建档，每季度上
          管理部门       报重大危险源信息，按年度
政府在监督              上报汇总信息（开、保、高
检查时发现              上报新区，新区应急管理部
重大危险源              门统一上报市局）
隐患，按事
故隐患治理
系统的要求    应急厅（局） ──── 登记建档，监督管理，年度
执行                 上报汇总信息

          应急管理部
```

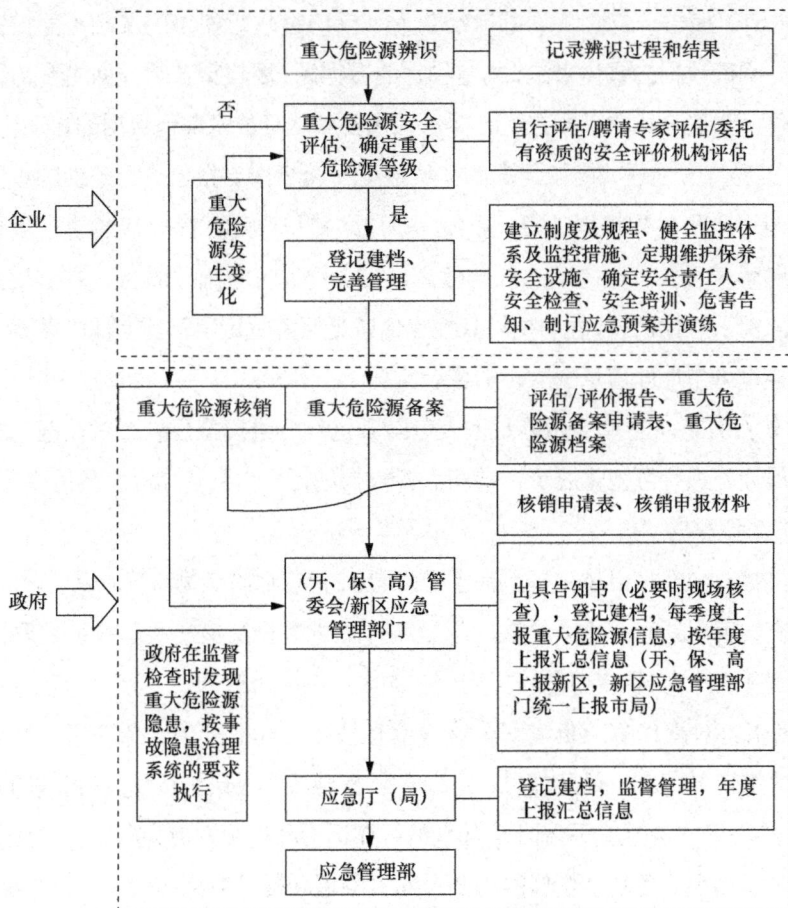

**图7-9 重大危险源管理工作流程**

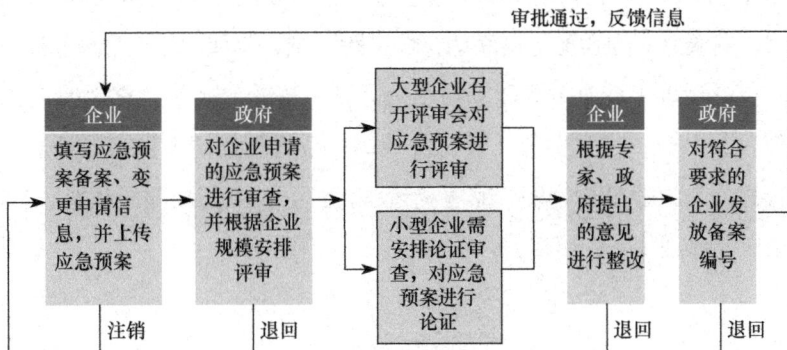

```
                    审批通过，反馈信息

企业       政府       大型企业召     企业       政府
填写应急     对企业申请     开评审会对    根据专家、政    对符合
预案备案、变   的应急预案     应急预案进    府提出的意见    要求的
更申请信     进行审查，     行评审      进行整改      企业发
息，并上传    并根据企业              放备案
应急预案     规模安排     小型企业需              编号
         评审       安排论证审
                  查，对应急
                  预案进行
                  论证

   注销      退回               退回      退回
```

**图7-10 应急预案管理工作流程**

《指南》提出，危险货物港口经营人和港口行政管理部门及相关部门在信息采集时要明确数据的具体来源，构建稳定的数据源，要根据各类数据的形态、格式、采集条件，明确具体的采集方式，尽量采用物联网等技术实现数据的自动化采集。

为实现监管过程和履职情况的"痕迹化"，《指南》指出，有条件的地区可在该系统中引入相关的地理信息；融合、集成各种可移动的安全应急设备设施（车船、智能感知设备等）的动态位置信息，提供动态位置信息服务，并按规定整合辖区内的视频监控信息，叠加视频监控点位置坐标等规定字符、同步时间戳等信息。视频监控也可与地理信息图层相结合。

此外，有条件的地区还可对重大危险源进行三维模型建设，对储罐、物料管线及附属设施进行可视化展示，辅助监管机构进行日常监管和应急救援决策。

3）消除数据"孤岛"

除了实现监管"痕迹化"，《指南》还提出，港口危险货物监管应以"全面整合、重点补充、突出共享、逐渐扩展"为策略，促进数据交换、共享和系统联网，消除数据"孤岛"，实现港口危险货物信息的大数据分析管理。

《指南》对港口危险货物安全监管信息按业务功能分为3个等级，具体展现危险货物港口经营人、经营许可、港口危险货物从业人员培训和资格管理等信息。《指南》中还要求在建立系统时应以系统可靠运行和持续发展为前提，采用开放式架构设计，满足业务功能扩展的需要，同时预留和提供数据接口，进行数据共享、传递，逐级建设港口危险货物安全监管数据库。

4）资源共享

《指南》提出港口危险货物的监管要实现资源共享，以需求为导向，促进上下级之间、同级之间的业务协调联动，促进跨区域、跨部门信息共享和监管协同；鼓励省级交通运输（港口）管理部门统一开发、建设、运行和维护港口危险货物安全监管信息系统，供省、市、县三级港口行政管理部门及供港口经营人使用，推进实现省内港口危险货物安全监管的统一门户，并做好与部级系统、当地人民政府安全应急管理体系的衔接。

# 第三篇

# 案 例 篇

# 第8章

## "互联网+港融电商"平台

以网络化、平台化、产品标准化的形式将各港口、码头、航运公司的相关业务产品和聚集的各类优势资源进行梳理、优化和整合，并将各口岸范围内的窗口受理业务迁移到线上的港融电商平台，将原有各个独立的单一口岸业务逐步形成完整的数据链和业务链，各业务环节无缝对接，为各类用户提供不受空间、时间限制的一站式服务，促进了港口"互联网 + 港融电商"模式的升级转型发展。

# 8.1　港融电商平台的技术简介

港融电商平台基于 Java 语言开发，采用前后端分离的开发模式，及业内先进的 Spring Cloud 分布式微服务技术架构和 IT 治理架构。前台使用 REACT 技术为用户提供极致的用户体验，后台使用 Spring MVC+Springboot 实现多层架构以达到弹性的设计。港融电商平台基于 DOCKER 框架云端部署，资源和信息节点可伸缩扩展，满足不同的应用场景及各类高峰期并发性能要求，满足 200 万 / 秒的并发访问量。

港融电商平台系统的体系架构如图 8-1 所示。

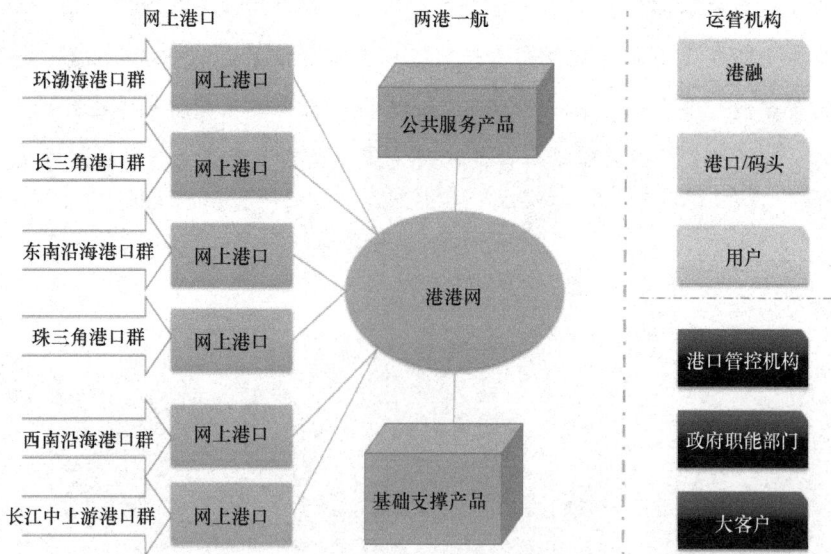

图8-1　港融电商平台系统的体系架构

# 8.2 应用场景及案例

## 8.2.1 "互联网＋港口"

港融电商平台以网络化、平台化、产品标准化的形式将各港口、航运公司的相关业务产品和聚集的各类优势资源进行重新梳理、优化、整合，将各口岸范围内的窗口受理业务前移到线上港融电商平台。港口原有的各个独立的单一口岸业务环节逐步形成完整的数据链和业务链，各业务环节无缝对接，为各类用户提供不受空间、时间限制的一站式服务体验，规范各港口业务生产作业的每个环节，节源增效，实现传统港口向"互联网＋港口"模式的升级转型。

集装箱类业务领域打通船公司和码头的 ERP 系统，通过数据报文交换形式将线下集装箱进出口业务中的各自独立的码头服务窗口的计划受理与缴费、船公司办单的业务等以网络化、标准化的形式统一优化、整合到线上平台，完成口岸集装箱业务线上服务产品的业务流程和用户群体全覆盖。

散杂货类业务领域运用先进的科技手段，整合港口散杂货业务传统流程中的货物集疏港业务受理、合同签订、大宗物资过户、费用结算等窗口功能，逐一形成标准化、网络化、产品化的线上服务功能，将港口各生产流程的对外业务前置到港融电商平台。在此基础上，港口在线向客户开放货物的港存动态、港内理货动态、过磅计量动态、车辆集疏港动态等业务信息，货主随时随地掌握货物在港流通与作业动态，真正做到让货物堆存放心、集疏港省心。

船货代受理业务领域通过梳理港口现有的船货代业务和码头生产作业管理流程，将线下的船货代业务受理和资料填报统一到网上窗口办理，实现资料填报、费用预交、码头生产作业跟踪、费用结算等透明化管理，有利于客户实时掌控码头的生产作业动态，能更合理地安排好各类资源的对接，有利于规范码头的生产作业流程，提高生产作业效率，提升港口对船主、货主的服务能力，并通过流程梳理和信息的公开透明，能有效地由外而内促进港口内部生产流程优化和生产管理模式和服务模式的变革。

通关联检类业务领域在国家加大各省市"单一窗口"互联互通建设的大好形势下，通过与相关部门合作，实现港融电商平台与各类通关联检系统的信息交换和互联互通，统一口岸服务窗口，实现各港口码头内部相关业务受理和通关联检类业务的集中受理，充分利用各口岸腹地陆港资源优势，共同打造"异地报关联检"一站式服务，提高客户服务水平，提升港口形象，延伸港口功能。

## 8.2.2  "互联网 + 物流"

在"互联网 + 港口"板块市场运营成果的基础上，港口通过延长物流服务链长度，深挖港口口岸的物流链价值空间，基于"两港一航"及各口岸"最后一公里"货运市场，构建国内港与港之间大宗物资干线运输网络，健全与完善供应链各端的多式联运物流链解决方案。因此，"互联网 + 物流"是港融电商平台不可或缺的物流链产品的重要组成部分。

公路运输领域以货主入驻自营、托盘交易等形式，为货主提供公路物流承运商招标选型、货运代理、物流运输过程的全程跟踪、集疏港业务的快速通道服务、物流运输费用的金融保理、融资贷款、运输保险等立体服务。港口通过一体化的完善服务，吸引大宗货主（货主企业、货代企业、船方企业）入驻。

海上货物运输领域以线上订舱服务为基础，以及时并全面的物流节点动态信息反馈、金融服务、保险服务、集疏港快速通道、舱位保障等为吸引点，吸引航运资源的挂靠或入驻，提高平台海运的社会服务能力和实力。

多式联运领域建立"一票制"的多式联运综合物流服务体系。在"互联网 + 港口"业务的基础上，平台为国内大型物流企业、货主提供门到门多式联运物流链全程解决方案，以"互联港 + 物流"模式，将港口从物流终端升级到物流节点，推进各级港口向线路运营商身份的升级转变。

### 8.2.3 "互联网 + 供应链"

伴随"互联网 + 港口"和"互联网 + 物流"业务板块陆续在国内港口群逐步推广应用,针对粮食、钢材、油品、矿石等大宗商品贸易的领域,港融电商平台利用港口堆存、监管和进出口集散地等优势,在线提供跨地域的各类货种大宗物资集交易市场、货权转移、装卸船、集疏港业务、多式联运和物流链全程服务等多位一体的综合贸易服务。在贸易过程中,平台借助 CA 电子签章技术,实现线上交易合同的签订,在法律法规的保障下,为远程的交易两端提供了便捷、快速的成交落地手段。港口通过港前贸易线上交易服务功能的推进,加大了港口对港前贸易交易市场的主导力度,吸引并增强港前贸易商的黏性和汇聚效应,最终提高港前货值落地的能力。

同时,港融电商平台创新传统的大宗商品贸易模式,汇聚碎片化的生产资料需求,以集装箱为单位展开大宗商品的"新零售"的工作。大宗商品"新零售"的出现改变了以往大宗商品只能以百吨、千吨以上重量为单位的交易业务模式。港融电商平台打造出集网上交易、小批量成交、网上支付、物流管理、行情分析等功能于一体的大宗商品"零售"模式,节省了商品运输时间,加快了大宗物资现货的流通和交易,对港口大宗商品贸易和货值落地工作起到助推作用。

### 8.2.4 "互联网 + 增值服务"

港融电商平台充分利用该平台的大数据分析结果和该平台已有的业务解决方案,积极开展与各大金融机构、法律部门、保险部门等合作,为广大中小企业、大宗物资交易、周边配套第三产业的支撑等提供丰富多样的金融服务产品,为区域内大众创新、万众创业提供金融扶持,以港口群为中枢,物流为核心,面向国内港航生态圈,打造一个优秀的业务环境和生态环境,促进区域物流欣欣向荣的高速发展。

# 第9章

## 港口定位导航平台

　　港口定位导航平台以高精度地图为基础，依托北斗卫星定位技术、IMU融合定位算法，及高效纠偏算法，实现了港口车辆的车道级管理、全场车机优化调度、特定区域安全预警、车辆行驶数据分析、内外场拖车组合导航等功能。与传统管理平台对比，港口定位导航平台创新地采用了卫星遥感地图与高精度地图相结合的方式，使平台上的道路更真实、更直观；自主研发的组合定位算法和高效纠偏算法克服了港区内高遮挡、强干扰，及多路径效应对北斗定位设备的不利影响，使北斗高精度定位设备能在港口复杂环境得以使用，为港口提供一个安全、稳定的生产环境。

## 9.1 港口定位导航平台的技术

港区规模逐步扩大及业务量的增多，港口需要大量车辆及机械，这给港区的综合管理带来一定的困难。加上车辆及机械设备的自我约束能力不足，港区内时有发生车辆不按规定路线行驶、随意停放、超速行驶等现象。因此，港口有必要对出入某区域的货运车辆及机械设备实施全程管理，通过技术手段实现预防、监督、纠偏、评价等环节的可视化、透明化，确保车辆及机械在区域内安全行驶、有序通行。

港区车机导航及监控系统采用北斗卫星定位终端及高精度电子地图对车辆及机械进行道路级导航和高精度定位监控，通过公共移动数字网（3G/4G/5G）传输定位数据，并在监控中心或异地监控终端采用地理信息技术（GIS）把监控目标显示在可视化的数字地图上，项目总体架构如图9-1所示。

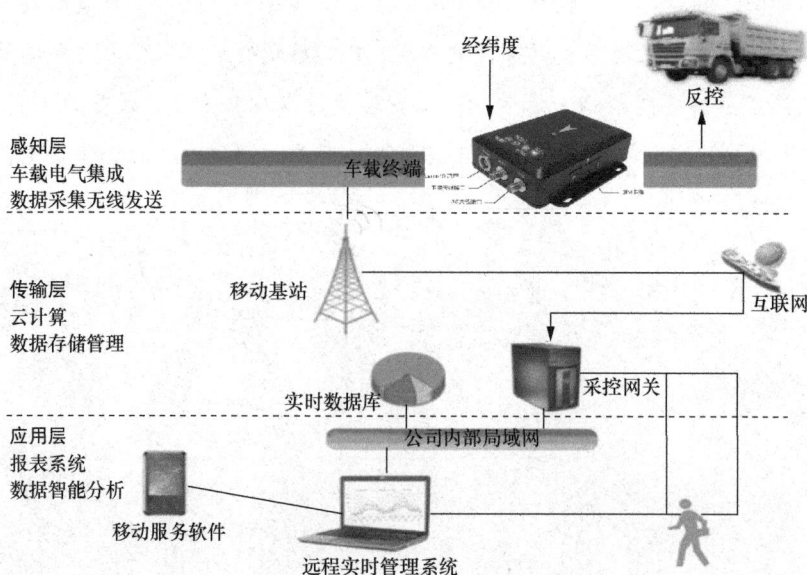

**图9-1 港区车机导航及监控系统的总体架构**

系统架构主要分为前端车机终端、中端无线通信链路和后端监管中心平台。

前端车机终端实时采集与传输车机的定位数据，主要用到高精度北斗定位终端、车载设备等，这些设备将所采集的数据通过无线通信模块实时传输到服务器中。其中，内场拖车使用带有蓝牙的通信模块、设备控制单元、惯导模块以及高精度北斗定位终端——TX01；场内机械使用具有定向、定位功能的高精度北斗定位终端——TX03。

中端无线通信链路主要包括3G/4G无线移动网络，主要负责车载终端与监控中心间的数据传输。

后端监管中心平台主要包括服务器和用户客户端。其中，后台服务层由综合管理系统和数据分析系统构成。数据分析系统负责监测数据的接入、解算、处理、存储、查询以及分析；综合管理系统负责监测对象、监测设备、用户权限、系统数据字典、系统日志等信息的管理。监管平台主要负责车辆监控、接/出警、数据处理、车机状态检测功能和其他信息服务。

后端监管中心平台主要针对的是多种应用系统，其分为后端平台服务系统和前端车机系统两个部分。

① 后端平台服务系统是基于GIS的应用管理系统，可以实现的功能包括以下几点。

● 实时接收码头操作系统（Termind Operation System，TOS）的工作指令，并自动下发到内、外集卡的车机服务系统。

● 实时接收车机服务系统的数据，记录车辆的工作状态，并将数据上传到码头操作系统（TOS）。

● 实时显示内、外集卡的位置信息，并统计分析内、外集卡的工作情况。

② 前端车机系统主要提供位置上报功能、车辆导航功能和语音提示功能。实现前端车机系统功能的方案如下。

北斗定位基准站+北斗定位终端TX03+车载高精度定位终端TX01+导航软件+系统平台。

北斗定位基准站利用现代计算机、数据通信和互联网（LAN/WAN）技术，实时地向不同类型、不同需求、不同层次的用户自动地提供经过检验的不同类型的北斗观测值（载波相位、伪距）、各种改正数、状态信息等。

北斗定位终端 TX03 拥有全功能、高性能的高精度 GNSSOEM 板卡与载波相位差分技术，能同时接收 BDSB1/B2、GPSL1/L2，支持双天线进行定位测向解算。

厂桥／岸桥上安装高精度北斗定位终端——TX03，集卡上安装车载定位终端 TX01-S、工业平板、导航软件等配套软硬件，将高精度定位数据统一发送到后端平台进行处理，实现全场完全定位、精确调度，极大地节约时间成本和人力成本，提高了工作效率。

北斗定位终端 TX01 作为一款双系统、双频 RTK 接收机，结合基准站使用，可以实现高精度定位，定位精度达到厘米级。TX01-S 配合工业级 Pad 运行专业的导航软件可以达到车道级导航要求，并实现高精度定位，及位置上报功能。

TX01 与 TX03 自带的通信模块与辅助平台进行通信，将高精度定位数据传到后台服务器中进行处理，可以实现高精度定位及精确调度等功能。此外，TX01 与车载终端通过 RS232 串口通信，再通过车载终端定制软件将定位数据发送至服务器以确认车辆的位置。

# 9.2 应用场景及案例

### 1. 深圳海星港高精度地图制作

我们将全站仪采集的所有坐标点展绘到 CAD 中，根据记录的图形和属性，分图层绘制编辑地物图形，完成后进行下一步操作。

（1）提取道路中线

导航所用的车道线为中线，我们需根据实测的边线提取车道中心线，而整条道路保留最外侧边线。

（2）绘制流向箭头

我们根据外业草图，在每个路口处对每条车道添加直行、左转、直行加左转、左右转等流向箭头。

（3）建立通行关系

我们在各个路口处绘制各条车道间所有可能的通行关系线。

**2. 宁波大榭港口匹配引擎实现动态实时导航**

① 注册/登录功能：支持用户在线注册/登录功能。

② 实时位置上报功能：港口区域内，我们通过 4G 网络或港口自建网络将车辆位置信息实时上报到后端平台。

③ 车辆导航功能如下。

● 港区外通过调用百度、高德等第三方地图实现导航功能。

● 港区内根据后端平台发送的指令确定起始地点和终点，实现车辆导航功能。

● 导航状态下可设置语音播报、限速和违章提示，记录行驶轨迹等功能。

● 实时显示车速、行进方向、行进时间等信息。

④ 地图服务：软件内置港区高精度地图，在港口区域可实现高精度定位功能、地图放缩功能；港区外可调用百度、高德等第三方地图实现导航功能。

**3. 天津五洲港导航服务平台**

① 登录/注册：用户在申请注册之后，中心平台根据不同用户权限下放不同服务等级。

② 港区地图：监控中心提供高精度电子地图；中心平台有遥感影像图和 2D 平面地图两种显示方式；支持放大、缩小、平移、标记等功能；并可接入百度地图。

③ 位置服务：监控中心提供车辆实时位置及车辆当前的状态信息，可按生产系统管理编号或其他规则分组定位；根据设置始、末节点，规划最优路径，并实行导航设定功能。

● 电子围栏：监控中心可以设置港区内的边界划分规则，详细划分车辆可工作的区域，并形成电子区域围栏。

● 轨迹回放：监控中心保存车辆的所有运行数据，我们可以选择在任意时间查询任意车辆的轨迹。我们在回放轨迹时可以选择回放速度、回放时间、是否显示轨迹等，并且支持拖放、快速播放、单步播放等。

● 接收指令（回传信息）：可以接收生产系统指令并将其发送给内外集卡；向

生产系统发送内外集卡的位置（RFID 模拟信息）信息；外集卡在导航或软件开启过程中实现目标位置抵达自动确认回复的功能。

●地图服务：设置道路状态，可根据实际状态设置是否可用、拥堵、道路维护、道路占用、禁行等，并实时下发道路状态。

●RFID 模拟位置上报：高精度电子地图上预设 RFID 模拟位置，拖车经过该区域时平台自动上报预到达的信号。

# 参 考 文 献

[1] 杜明军. 大连港建设第五代物联网智慧港口发展模式研究 [D]. 大连：大连海事大学，2014.

[2] 冯少华. 港口物流的现状分析 [D]. 武汉：武汉理工大学，2017.

[3] 徐连胜，胡玉昌，段晓瑞. 港口重大危险源安全监管的现状与体系构成 [J]. 中国港口，2010，（3）：57-58.

[4] 徐凯，郭胜童，彭翀. 港口发展与大数据时代的对接 [J]. 港口经济，2015，（2）：5-8.

[5] 包起帆. 基于物联网的集装箱感知系统研究与应用 [J]. 中国工程科学，2011，（3）：19-23.

[6] 徐小凤. 物联网在港口运营中的应用探析 [J]. 中国水运，2011，11（1）：26-27.

[7] 马仁洪，陈有文. 以物联网技术促进港口智能化发展 [J]. 水运工程，2012，（5）：38-42.

[8] 刘鑫. 我国港口物流发展现状及对策分析 [J]. 中国水运，2011，（4）：14-15.

[9] 江少文. 上海港战略发展新思路探讨 [J]. 中国物流与采购，2010，（20）：58-59.

[10] 唐黎标. 我国港口物流现状及发展趋势之我见 [J]. 港口科技，2011，（2）：19-20.

[11] 孙凤山. 我国港口物流配送的现状及其发展途径 [J]. 港口经济，2011，（3）：36-38.

[12] 徐凯，李建丽. 物联网技术对港口生产力的影响 [J]. 水运管理，2011，33（4）：28-30.

[13] 俞灵. 港口口岸物联网体系结构规划设想 [J]. 综合运输，2010，（5）：35-38.

[14] 徐小凤. 物联网在港口运营中的应用探析 [J]. 中国水运，2011，11（1）：26-27.

[15] 徐凯，李建丽. 物联网技术对港口生产力的影响 [J]. 港口科技，2011，（5）：1-4.

[16] 陈会文. 港航业"智慧化"建设逐步推进 [J]. 中国港口，2018，（4）：21-25.